Manuel de pratique parlementaire

Règles de procédure et de débat dans les assemblées délibérantes

Luther Stearns Cushing

(Editeur : Frances P. Sullivan)

Writat

Cette édition parue en 2024

ISBN : 9789359943169

Publié par
Writat
email : info@writat.com

Contenu

DÉCLARATION DE L'AUTEUR.

LE traité suivant ne constitue qu'une partie d'un ouvrage beaucoup plus vaste et plus complet, couvrant tout le domaine du droit et de la pratique parlementaires, que l'auteur s'est engagé à préparer depuis un certain temps ; et qu'il a l'intention de compléter et de publier le plus tôt possible. Entre-temps, ce petit ouvrage a été compilé, principalement à partir des plus grands, à la demande des éditeurs, et pour suppléer à un besoin qui était censé exister dans une mesure considérable.

Le traité, maintenant présenté au public, se veut un *manuel pour les assemblées délibérantes* de toute sorte, mais plus spécialement pour celles qui n'ont pas un caractère législatif ; bien qu'à l'exception des principaux points sur lesquels les corps législatifs des autres, à savoir les différentes étapes ou lectures d'un projet de loi, et les conférences et entre les deux branches, cet ouvrage se trouvera également utile assemblées législatives comme dans d'autres.

Le seul ouvrage qui a été jusqu'ici d'usage général dans ce pays, relatif aux délibérations des assemblées législatives, est la compilation préparée à l'origine par M. Jefferson, lorsqu'il était vice-président des États-Unis, à l'usage du corps sur lequel il présidé, et qui est familièrement connu sous le nom de *Manuel de Jefferson* . Cet ouvrage, ayant été largement utilisé dans nos corps législatifs et, dans certains États, expressément sanctionné par la loi, peut être considéré comme formant, pour ainsi dire, la base du droit parlementaire commun de ce pays. Dans cette optique, l'auteur du traité suivant a considéré les principes et les règles énoncés par M. Jefferson (et qu'il a adoptés principalement à partir du travail élaboré de M. Hatsell) comme les règles établies en la matière. et en a donc fait la base de la présente compilation, avec une remarque occasionnelle, dans une note, à titre d'explication ou de suggestion, chaque fois qu'il l'a jugé nécessaire.

Les membres des corps législatifs, qui pourraient avoir l'occasion de faire usage de cet ouvrage, feront qu'il ne contient que ce qu'on peut appeler le *parlementaire commun* ; qui, dans toute assemblée législative, est plus ou moins modifié ou contrôlé par des règles spéciales.

LSC

BOSTON , 1er novembre 1844.

INTRODUCTION.

1 . LES buts, quels qu'ils soient, pour lesquels une assemblée délibérante de quelque nature que ce soit est constituée, ne peuvent être atteints qu'en vérifiant le sens ou la volonté de l'assemblée, en référence aux divers sujets qui lui sont soumis, et en incarnant ce sens ou cette volonté. sous une forme intelligible, authentique et faisant autorité. Pour ce faire, il faut d'abord que l'assemblée soit convenablement constituée et organisée ; et, deuxièmement, qu'il conduise ses travaux selon certaines règles et selon certaines formes, que l'expérience a montré les mieux adaptées au but recherché.

2 . Certaines assemblées délibérantes, notamment celles qui sont constituées d'organismes permanents, tels que les corporations municipales et autres, sont habituellement constituées et au moins en partie, en vertu de certaines dispositions légales tandis que d'autres, à caractère occasionnel ou temporaire, tels que congrès et réunions politiques, se constituent et s'organisent lors de leur assemblée en vue de leur nomination.

3 . Le mode le plus habituel et le plus commode pour organiser une assemblée délibérante est le suivant : Les membres étant assemblés ensemble, au lieu et à l'heure fixés pour leur réunion, l'un d'eux s'adressant aux autres, leur demande de se mettre à l'ordre. ; les membres s'asseyant alors, et accordant leur attention à lui, il suggère l'opportunité et la nécessité de leur organisation, avant de passer aux affaires, et demande aux membres de nommer une personne pour agir comme président de l'assemblée ; un ou plusieurs noms étant alors mentionnés, il déclare qu'une telle personne (dont il a entendu le nom pour la première fois) est proposée au poste de président et pose une question pour que la personne ainsi nommée soit priée de prendre le fauteuil. Si cette question devait être tranchée par la négative, une autre candidature serait alors demandée, et une question posée sur le nom mentionné (étant celui d'une autre personne) comme auparavant, et ainsi de suite jusqu'à ce qu'un choix soit effectué. . Lorsqu'un président est élu, il prend le fauteuil et procède de la même manière pour compléter l'organisation de l'assemblée, par le choix d'un secrétaire et de tels autres officiers, s'il y en a, qui peuvent être jugés nécessaires.

4 . Une organisation ainsi réalisée peut être, et est souvent, suffisante pour tous les objectifs de la réunion ; mais si, pour une raison quelconque, on désire avoir un plus grand nombre d'officiers, ou les faire choisir avec plus de délibération, il est d'usage de s'organiser temporairement, de la manière mentionnée ci-dessus, et de renvoyer ensuite le sujet d'un mandat permanent. l'organisation et la sélection des personnes à nommer pour les différents postes, à un comité ; sur le rapport duquel, l'assemblée procède à s'organiser, conformément à celui-ci, ou de toute autre manière qu'elle juge appropriée.

[« Au Congrès et dans toutes les chambres basses des législatures d'État, et dans quelques sénats d'État, le président de séance est appelé le *Président* ; tandis qu'au Sénat des États-Unis et dans un certain nombre de sénats d'État, le nom de *Président* est utilisé .]

5 . Le président de séance est habituellement dénommé *président*, et le greffier, *secrétaire* ; bien que, parfois, ces officiers soient désignés respectivement comme *président* et *greffier* . Il n'est pas rare, outre un président, d'avoir un ou plusieurs vice-présidents ; qui occupent le fauteuil, à l'occasion, en l'absence du président de l'assemblée, ou lorsqu'il se retire du fauteuil pour participer aux délibérations à titre de membre ; mais qui, à d'autres moments, bien qu'occupant des sièges avec le président, agissent simplement en tant que membres. Il arrive aussi fréquemment que plusieurs personnes soient nommées secrétaires, auquel cas la première nommée est considérée comme l'officier principal. Tous les officiers sont, ordinairement, membres de l'assemblée 1 ; et, à ce titre, a le droit de participer à la procédure ; sauf que le président de séance n'intervient généralement pas dans le débat et ne vote que lorsque l'assemblée est également divisée.

6 . Dans toutes les assemblées délibérantes dont les membres sont choisis ou nommés pour représenter d'autres, il est nécessaire, avant de passer de s'assurer qui sont dûment élus et élus comme membres ; afin non seulement qu'aucune personne ne puisse être admise à participer aux délibérations qui n'y soit régulièrement autorisée, mais encore qu'une liste des membres puisse être dressée à l'usage de l'assemblée et de son bureau.

7 . Le moment approprié pour cette enquête est après l'organisation temporaire et avant l'organisation permanente ; ou, lorsque l'assemblée est organisée de façon permanente, en premier lieu, avant de procéder à la négociation de toute autre affaire ; et le mode le plus pratique de le mener est de nommer un comité chargé de recevoir et de faire rapport sur les pouvoirs des membres. Le même comité peut également être chargé d'enquêter sur les réclamations concurrentes, le cas échéant.

8 . Lorsqu'une question se pose concernant le droit d'un membre à son siège, ce membre a le droit d'être entendu sur la question, et il doit alors se retirer de l'assemblée jusqu'à ce qu'elle soit tranchée ; mais si, par l'indulgence de l'assemblée, il reste à sa place, pendant la discussion, il ne doit plus y prendre part, ni voter lorsque la ; c'est une règle fondamentale de toutes les assemblées délibérantes, que les membres, dont les droits comme tels ne sont pas encore écartés, constituent un tribunal judiciaire pour statuer sur les cas de ceux dont les droits de qualité de membre sont mis en cause. Il faut donc toujours veiller, dans le choix des officiers et dans la nomination des comités, à ne nommer que les personnes dont les droits en tant que membres ne sont pas contestés.

9 . Le lieu où se tient une assemblée étant en sa possession et légitimement affecté à son usage, nul n'a le droit d'y être présent, sauf avec le consentement de l'assemblée ; et, par conséquent, si une personne refuse de se retirer, lorsqu'elle lui est ordonnée, ou se conduit d'une manière désordonnée ou inappropriée, l'assemblée peut incontestablement employer une force suffisante pour expulser cette personne de la réunion.

dix . Toute assemblée délibérante, du seul fait d'être assemblée et constituée, adopte par là nécessairement et se soumet à ces règles et formes de procédure, sans lesquelles lui serait impossible d'accomplir les buts de . Il est cependant parfaitement compétent pour chacun de ces organismes - et lorsque l'affaire présente un intérêt et une importance considérables, ou est susceptible de nécessiter un certain temps pour son accomplissement, il n'est pas rare - d'adopter également certaines règles spéciales pour réglementer ses travaux. . Lorsque tel est le cas, ces dernières remplacent les règles parlementaires ordinaires, dans tous les points auxquels elles se rapportent ; ou y ajouter des détails pour lesquels il n'existe pas de règle parlementaire ; laissant ce qu'on peut appeler le droit parlementaire commun en vigueur à tous les autres égards.

11 . Les règles des procédures parlementaires dans ce pays dérivent de celles du parlement britannique et sont essentiellement les mêmes que celles-ci ; cependant, afin d'adapter ces règles aux circonstances et aux besoins de nos assemblées législatives, elles ont été, à certains égards, modifiées, — à d'autres, appliquées différemment, — et à d'autres encore, étendues au-delà de leur intention originale. A ces règles, chaque assemblée législative a l'habitude d'ajouter un code qui lui est propre, par lequel, en liaison avec le premier, sont réglées ses procédures. Les règles ainsi adoptées par les diverses législatives, ayant été renouvelées dans les législatures successives, — avec les extensions, modifications et ajouts qui ont été de temps à autre jugés nécessaires, — il en résulte qu'un des règles parlementaires ont été établies dans chaque État, différentes sur certains points de celles de tout autre État, mais néanmoins fondées et embrassant toutes les règles essentielles du droit parlementaire commun.

12 . Les règles de procédure, dans chaque Etat, étant naturellement mieux connues des citoyens de cet Etat, il est arrivé parfois, dans les assemblées délibérantes, que les débats se soient déroulés non seulement d'après la loi parlementaire générale, mais encore conformément aux système particulier de l'État dans lequel siégeait l'assemblée, ou des citoyens dont elle était composée. Mais c'est une erreur ; comme aucune assemblée occasionnelle ne peut jamais être soumise à d'autres règles que celles qui sont d'application générale, ou qu'elle adopte spécialement pour son propre gouvernement ; et les règles adoptées et mises en pratique par une assemblée législative n'acquièrent pas pour autant le caractère de lois générales.

13 . Le jugement, l'opinion, le sentiment ou la volonté s'exprime, selon la nature du sujet, soit par une résolution, soit par un ordre, soit par un vote Quand il commande, c'est par un *ordre* ; mais les faits, les principes, ses propres opinions ou ses objectifs, sont plus correctement exprimés sous la forme d'une *résolution* ; le terme *vote* peut s'appliquer au résultat de toute question décidée par l'assemblée. Cependant, quelle que soit la forme sous laquelle une question est proposée, ou quel que soit le nom qu'on lui donne, la manière de procéder est la même.

14 . Le jugement ou la volonté d'un nombre quelconque de personnes, considérées comme un corps global, est celui qui est constaté par le consentement ou l'accord du plus grand nombre d'entre elles ; et le seul moyen par lequel cela peut être vérifié, en référence à un sujet particulier, est que l'un d'entre eux commence par soumettre aux autres une proposition, exprimée dans une forme de mots telle que, si elle est acceptée par les personnes requises numéro, il prétendra exprimer le jugement ou la volonté de l'assemblée. Cette proposition servira alors de base pour la suite des travaux de l'assemblée ; être approuvé, rejeté ou modifié, selon qu'il exprime ou non, ou peut être amené à exprimer le sentiment de la majorité des membres. Les différents procédés qui ont lieu, depuis la première présentation d'une proposition, à travers tous les changements qu'elle peut subir, jusqu'à la décision finale de l'assemblée à son sujet, constituent l'objet des règles de débat et de procédure dans les assemblées délibérantes. .

15 . Si les travaux d'une assemblée délibérante se limitaient à la formulation de propositions par les membres individuels et à leur acceptation ou rejet par les votes de l'assemblée, il y aurait très peu de place pour des règles dans un tel corps. Mais ce n'est pas le cas. Les fonctions des membres ne se limitent pas à donner un avis affirmatif ou négatif sur les questions qui leur sont proposées. Lorsqu'une proposition est faite, si elle n'est pas acceptée ou rejetée immédiatement, l'assemblée peut ne pas vouloir du tout l'examiner et y donner suite ; ou bien il souhaitera peut-être reporter l'examen de la question à une date ultérieure ; ou bien il peut être disposé à adopter la proposition avec certaines modifications ; ou, enfin, approuvant le sujet, mais le trouvant présenté sous une forme si grossière, imparfaite ou répréhensible, qu'il ne peut pas du tout être examiné dans cet état, l'assemblée peut désirer que la proposition soit examinée et digérée plus en détail, avant en cours de présentation. Afin de permettre à l'assemblée de prendre celle des mesures ci-dessus indiquées qu'elle jugera appropriée, et ensuite de disposer de chaque proposition d'une manière convenable, certaines motions ou formes de questions ont été inventées, qui sont parfaitement adaptées à cet effet, et sont d'usage courant dans toutes les assemblées délibérantes.

1 Dans les corps législatifs, le greffier est rarement ou jamais membre ; et, dans certains cas, le président de séance n'est pas membre ; comme, par exemple, au Sénat des États-Unis, au Sénat de New York et dans certains autres Sénats d'État. *Retour au texte*

CHAPITRE I.
DE CERTAINES QUESTIONS PRÉLIMINAIRES.

16 . Avant d'aborder le sujet des formes et des règles de procédure, dans la conduite des affaires, il conviendra de considérer certaines questions d'ordre préliminaire, qui sont plus ou moins essentielles à la régularité, à la rapidité et à l'efficacité de la procédure.

SECTION I. QUORUM. 2

17 . Dans tous les conseils et autres corps collectifs du même genre, il est nécessaire qu'un , des membres se réunissent et soient présents, pour traiter les affaires. Cette réglementation a été jugée essentielle pour garantir l'équité des procédures ; et pour empêcher que les affaires soient conclues à la hâte, ou acceptées par un si petit nombre de membres, au point de ne pas susciter le respect qui leur est dû.

18 . Le nombre nécessaire pour constituer le quorum d'une assemblée peut être fixé par la loi, comme c'est le cas de la plupart de nos assemblées législatives ; ou par l'usage, comme à la Chambre des communes anglaise ; ou bien il peut être fixé par l'assemblée elle-même ; mais si aucune règle n'est établie à ce sujet, dans aucune de ces manières, la majorité des membres composant l'assemblée est le nombre requis.

19 . Aucune affaire ne peut être régulièrement abordée tant qu'un quorum n'est pas atteint ; aucune affaire ne peut non plus être régulièrement traitée lorsqu'il apparaît que le nombre de membres présents est réduit en dessous de ce nombre ; par conséquent, le président de séance ne doit pas prendre place jusqu'à ce que le nombre requis soit assuré; et si, à tout moment, au cours des débats, il est constaté qu'il n'y a pas de quorum , après le décompte des membres par le président, tel semble être le fait, l'assemblée doit être immédiatement ajournée. 3

SECTE. II. RÈGLES ET ORDRES.

20 . Toute assemblée délibérante, ainsi qu'on l'a déjà observé, est, du seul fait de son existence, soumise aux règles de procédure sans lesquelles elle ne pourrait accomplir les buts de sa création. Elle peut également se donner des règles, soit sous la forme d'un code général établi d'avance, soit par l'adoption, de temps à autre, au cours de sa séance, de telles règles particulières qu'elle juge nécessaires.

21 . Lorsqu'un code de règles est adopté d'avance, il est d'usage d'y prévoir également le mode dans lequel elles peuvent être amendées, abrogées ou supprimées. A défaut d'une telle disposition, il sera compétent pour l'assemblée de statuer en tout temps, et de la manière habituelle, sur les

questions d'amendement ou d'abrogation ; mais en ce qui concerne la dispense d'une règle, ou sa suspension, dans un cas particulier, s'il n'y a pas de disposition expresse à ce sujet, il semble que cela ne puisse se faire que par consentement général. 4

22 . Lorsqu'une des règles adoptées par l'assemblée, ou en vigueur, relatives à sa manière de procéder, est méconnue ou enfreinte, tout membre a le droit d'en prendre connaissance et d'exiger que le président de séance, ou tout autre dont il est chargé de la fonction est, devra mettre cette règle en exécution ; et, dans ce cas, la règle doit être appliquée immédiatement, sans débat ni délai. Il est alors trop tard pour modifier, abroger ou suspendre la règle ; tant qu'un membre insiste sur son exécution, elle doit être appliquée.

SECTE. III. HEURE DE LA RÉUNION.

23 . Toute assemblée, qui n'est pas susceptible de terminer ses affaires en une seule séance, trouvera commode de prendre d'avance un ordre ou une résolution, quant au moment de la réunion, après un ajournement ; il est généralement embarrassant de fixer l'heure à cet effet, au moment où la séance est sur le point de se terminer, et à propos de la motion d'ajournement.

SECTE. IV. PRINCIPE DE DÉCISION.

24 . Le principe sur lequel sont prises les décisions de tous les corps agrégés, tels que conseils, corporations et assemblées délibérantes, est celui de la majorité des voix ou suffrages ; et cette règle vaut non seulement pour les questions et les sujets qui n'admettent qu'un affirmatif d'un côté et un négatif de l'autre, mais aussi pour les élections dans lesquelles plus de deux personnes peuvent recevoir les suffrages.

25 . Mais cette règle peut être contrôlée par une règle spéciale relative à un sujet ou à une question particulière ; par lequel tout nombre inférieur à la majorité peut être admis, ou tout nombre supérieur requis pour exprimer la volonté de l'assemblée. Ainsi, il est fréquemment prévu, dans les assemblées législatives, qu'un tiers ou un seulement des membres suffira pour exiger qu'une question soit prise oui et par non,] , d'autre part , qu'aucune modification ne pourra avoir lieu dans aucun des règlements et ordonnances, sans le consentement des deux tiers au moins, ou même d'un plus grand nombre.

---

2 [« Le terme *quorum* (littéralement, *de qui*) est l'un des mots utilisés en Angleterre sous la forme latine de la commission aux juges de paix. La partie du document dans laquelle le mot apparaît se lit ainsi : « Nous vous avons attribué, ainsi qu'à deux ou plusieurs d'entre vous, *le quorum aliquem vestrum* , A, B, C, D, etc., *unum esse volumemus*

. - c'est-à-dire *dont* nous est-ce que l'un d'entre vous, A, B ou C, etc., sera un.' Cela rendait nécessaire que certaines personnes, qui, dans le langage de la commission, étaient considérées comme faisant partie du *quorum* , soient présentes pendant les transactions commerciales. »— *Blackstone's Commentaries* , I. 352.] *Retour au texte*

3 « Certains corps législatifs ont, par la loi, donné à un nombre inférieur au quorum le pouvoir d'exiger la présence des membres absents. » – ED. *Retour au texte*

4 « Une motion visant à suspendre les règles n'est pas discutable. » – ED. *Retour au texte*

5 « Aux États-Unis, le nombre de membres compétents pour exiger qu'une question soit examinée par oui ou par non est décidé par le Congrès et les législatures des États par disposition constitutionnelle.

Dans la Constitution des États-Unis, ce chiffre est d'un cinquième ; certaines constitutions d'État attribuent ce pouvoir à un cinquième, d'autres à trois membres ; certains à deux, et certains à un. » – ED. *Retour au texte*

CHAPITRE II.
DES OFFICIERS.

26 . Les officiers habituels et nécessaires d'une assemblée délibérante sont ceux déjà mentionnés, à savoir un président et un officier d'enregistrement ; tous deux élus ou nommés par l'assemblée elle-même, et révocables à son gré. Ces officiers doivent toujours être élus à la majorité absolue, même dans les États où les élections se font habituellement à la pluralité, pour la raison que, étant révocables au gré de l'assemblée, si un nombre inférieur à la majorité devait élire , une personne élue par un nombre aussi inférieur ne pourrait pas conserver son poste un instant ; dans la mesure où il pourrait en être immédiatement destitué, sur une question posée à cet effet, par les votes de ceux qui avaient voté pour d'autres personnes lors de l'élection ; et il est essentiel, pour l'exercice dû et satisfaisant des fonctions de ces officiers, qu'ils possèdent la confiance de l'assemblée, ce qu'on ne peut dire d'eux qu'à moins d'avoir les suffrages d'au moins la majorité.

SECTE. I. LE PRÉSIDENT DE SÉANCE.

27 . Les principales fonctions de cet officier sont les suivantes : -

D'ouvrir la séance, à l'heure à laquelle l'assemblée est ajournée, en prenant le fauteuil et en rappelant les membres à l'ordre ;

Annoncer l'affaire devant l'assemblée dans l'ordre dans lequel elle doit être traitée ;

Recevoir et soumettre, de la manière appropriée, toutes motions et propositions présentées par les membres ;

Mettre aux voix toutes les questions qui sont régulièrement proposées ou qui se posent nécessairement au , et en annoncer le résultat

Restreindre les membres, lorsqu'ils participent à un débat, dans le respect des règles d'ordre ;

Faire respecter en toutes occasions le respect de l'ordre et du décorum entre les membres ;

Recevoir tous messages et autres communications et les annoncer à l'assemblée ;

Authentifier, par sa signature, s'il y a lieu, tous les actes, ordres et délibérations de l'assemblée ;

Informer l'assemblée, lorsque cela est nécessaire, ou lorsqu'il est invoqué à cet effet, dans une motion d'ordre ou de pratique ;

Nommer les membres (lorsqu'il est demandé de le faire dans un cas particulier, ou lorsque cela fait partie de son devoir général par une règle) qui doivent siéger aux comités ; et en général,

Représenter et défendre l'assemblée, en déclarant sa volonté et, en toutes choses, en obéissant implicitement à ses commandements.

28 . Si l'assemblée est organisée au choix d'un président et de vice-présidents, il est du devoir de l'un de ces derniers de prendre la présidence, en cas d'absence du président de l'assemblée, ou de son retrait de l'assemblée président aux fins de participer aux débats.

29 . Lorsqu'un seul président est nommé, en premier lieu, son remplacement ne peut être remplacé, en cas d'absence, que par la nomination d'un président ou d'un président *pro tempore* ; et, dans le choix de cet officier, qui doit être élu avant que toute autre affaire ne soit faite, il est du devoir du secrétaire de diriger les débats.

30 . Le président de séance peut lire assis, mais doit se lever pour présenter une motion ou poser une question à l'assemblée.

SECTE. II. L'AGENT D'ENREGISTREMENT.

31 . Les principales fonctions de cet officier consistent à prendre des notes de toutes les délibérations et à faire des inscriptions fidèles dans son journal de toutes « les choses faites et passées » dans l'assemblée ; mais il n'est pas, en général, tenu de rédiger des procès-verbaux de « discours d'hommes particuliers », ni d'inscrire des choses simplement proposées ou proposées, sans procéder à un vote. Il doit entrer dans ce qui est fait et passé, mais pas dans ce qui est dit ou ému. C'est la règle dans les assemblées législatives. Dans d'autres, bien que l'esprit de , on attend généralement du secrétaire que son dossier soit à la fois un journal et, en quelque sorte, un rapport des débats.

32 . Il est également du devoir du secrétaire de lire tous les papiers, etc., dont la lecture peut être ordonnée ; appeler le rôle de l'assemblée et prendre note des absents, lorsqu'un appel est ordonné ; faire l'appel et noter les réponses des membres, lorsqu'une question est prise par oui et par non ; aviser les comités de leur nomination et des affaires qui leur sont soumises ; et authentifier par sa signature (parfois seule et parfois en collaboration avec le président) tous les actes, ordonnances et délibérations de l'assemblée.

33 . Le greffier est également chargé de la garde de tous les papiers et documents de toute sorte appartenant à l'assemblée, ainsi que du journal de ses délibérations, et ne doit laisser aucun d'entre eux être retiré de la table par aucun membre ou autre personne. , sans autorisation ni ordre de l'assemblée.

34 . Lorsqu'un seul secrétaire ou commis est nommé, sa place ne peut être suppléée, pendant son absence, que par la nomination de quelqu'un pour agir

pro tempore . Lorsque plusieurs personnes sont nommées, cet inconvénient ne risque pas de se produire.

35 . Le greffier doit se lever pendant la lecture ou la convocation de l'assemblée.

CHAPITRE III.
DES DROITS ET DEVOIRS DES MEMBRES.

36 . Les droits et devoirs des membres d'une assemblée délibérante, les uns à l'égard des autres, sont fondés et découlent du principe de leur égalité absolue entre eux. Chaque membre, si humble qu'il soit, a le même droit que tout autre, de soumettre ses propositions à l'assemblée, de les expliquer et de les recommander en discussion, et de les faire patiemment examinées et délibérément décidées par l'assemblée ; et, d'autre part, il est du devoir de chacun de se conduire, tant dans les débats que dans sa conduite générale dans l'assemblée, de manière à ne gêner aucun autre membre dans la jouissance de ses droits égaux. Les droits et devoirs des membres nécessitent d'être expliqués uniquement en référence aux paroles prononcées au cours du débat (qu'elles soient prononcées par un membre ou autrement) et au comportement général. Le premier sera plus particulièrement remarqué dans le chapitre sur le débat ; l'autre sera examiné à cet endroit.

37 . Le respect du décorum, par les membres d'une assemblée délibérante, n'est pas seulement dû à eux-mêmes et les uns aux autres, en tant que messieurs réunis pour délibérer sur des questions d'importance et d'intérêt communs, mais est également essentiel au déroulement régulier et satisfaisant de ces une assemblée. Les règles en la matière, quoique généralement énoncées en référence au décorum du débat, sont également applicables, que l'assemblée soit ou non en débat à ce moment-là ; et, par conséquent, on peut déclarer, d'une manière générale, qu'aucun membre ne doit déranger un autre, ou l'assemblée elle-même, en sifflant, en toussant ou en crachant ; en parlant ou en chuchotant aux autres membres ; en résistant à l'interruption des autres ; en passant entre le président de séance et un membre qui parle ; traverser la salle de réunion, ou s'y promener de long en large ; prendre des livres ou des papiers sur la table, ou y écrire.

38 . Tous ces manquements au décorum sont sans doute aggravés lorsqu'ils sont commis alors que l'assemblée est engagée dans un débat, quoique également contraire aux règles de la convenance, dans d'autres circonstances. Les agressions d'un membre contre un autre, les menaces, les contestations, les bagarres, etc., sont également de graves violations du décorum.

39 . C'est également un manquement au décorum le fait pour un député d'entrer dans la salle de réunion la tête couverte, ou de se déplacer d'un endroit à un autre avec son chapeau, ou de mettre son chapeau en entrant ou en sortant, ou jusqu'à ce qu'il ait pris place; et, dans beaucoup d'assemblées, surtout celles qui se composent d'un petit nombre de membres, il n'est pas du tout d'usage de se couvrir la tête.

40 . Dans tous les cas de comportement irrégulier et désordonné, il appartient à chaque membre, et c'est le devoir spécial du président de l'assemblée, de se plaindre à l'assemblée, ou de prendre connaissance de l'infraction, et d'attirer l'attention de l'assemblée sur elle. Lorsqu'une plainte de ce genre est portée par le président de séance, on dit qu'il *nomme* le membre fautif ; c'est-à-dire qu'il déclare à l'assemblée qu'un tel membre, l'appelant par son nom, est de certaines conduites irrégulières ou Le député, ainsi accusé d'une offense contre l'assemblée, a le droit d'être entendu à sa place en guise de disculpation, et doit alors se retirer. Une fois retiré, le président de séance constate le délit commis, et l'assemblée procède à l'examen du degré et de l'ampleur de la peine à infliger. L'assemblée peut permettre au membre incriminé de rester, lorsqu'il offre de se retirer ; ou, au contraire, elle peut l'obliger à se retirer, s'il ne propose pas de le faire de son propre gré. La procédure est semblable lorsque la plainte est faite par un membre, sauf que l'infraction est constatée par ce membre, au lieu d'être constatée par le président de séance.

41 . Aucun membre ne doit être présent dans l'assemblée, lorsque l'on débat d'une question qui le concerne ; et, s'il est présent, par l'indulgence de l'assemblée, il ne doit pas voter sur une telle question. Que l'affaire en question concerne son intérêt privé ou se rapporte à sa conduite en tant que député, — comme pour un manquement à l'ordre, ou, pour une question soulevée dans un débat, — dès qu'elle est équitablement devant l'assemblée, le député doit être entendu en disculpation puis se retirer, jusqu'à ce que l'affaire soit réglée. Si néanmoins un membre reste dans l'assemblée et vote, son vote peut et doit être refusé ; cela est contraire non seulement aux lois de la décence, mais aussi au principe fondamental du pacte social, selon lequel un homme doit siéger et agir comme juge dans son propre cas.

42 . Les seules peines qui puissent être infligées à ses membres par une assemblée délibérante du genre ici en question, consistent en la réprimande, l'exclusion de l'assemblée, l'interdiction de parler ou de voter, pour un temps déterminé, et l'expulsion ; à quoi doivent s'ajouter toutes autres formes de punition, comme des excuses, une demande de pardon, etc., que l'assemblée jugera bon d'imposer et d'exiger que le contrevenant se soumette, sous peine d'expulsion.

CHAPITRE IV.
DE L'INTRODUCTION DES AFFAIRES.

43 . Les travaux d'une assemblée délibérante, concernant un sujet particulier, sont ordinairement mis en mouvement, en premier par l'un des membres, soit en présentant une communication de personnes non membres, soit en soumettant lui-même une proposition l'Assemblée.

44 . Les communications faites à l'assemblée sont de deux sortes, à savoir celles qui sont simplement destinées à l'informer sur des questions de fait, et celles qui contiennent une demande d'action de la part de l'assemblée, soit de caractère général, soit dans l'intérêt de l'assemblée. d'un individu. Seules ces dernières, constituant à elles seules la base des démarches futures, méritent d'être signalées.

45 . Les propositions faites par les membres sont dressées et présentées, par motion, dans la forme que leur propose le motionnaire, sous forme d'ordres, de résolutions ou de votes, si elles doivent être adoptées par l'assemblée. Ces propositions, de quelque nature qu'elles soient, sont habituellement appelées motions, jusqu'à ce qu'elles soient adoptées ; ils prennent alors le nom qui leur appartient proprement.

46 . Lorsqu'un membre a l'occasion de faire quelque communication que ce soit à l'assemblée, — que ce soit pour présenter une pétition ou autre document, ou pour faire ou appuyer une motion de quelque nature que ce soit, ou simplement pour faire une déclaration verbale , car lorsque l'on veut s'adresser à l'assemblée dans un débat, il faut d'abord, comme on dit, « prendre la parole » dans le but qu'il se propose. Pour ce faire, il doit se lever à sa place, 6 et, debout, découvert, s'adresser au président de séance, par son titre ; celui-ci, en s'entendant ainsi interpellé, appelle le député par son nom ; et le membre peut alors, mais pas avant, poursuivre ses affaires.

47 . Si deux ou plusieurs membres se lèvent et s'adressent au président, en même temps ou à peu près, celui-ci doit donner la parole au membre dont il a entendu la voix en premier. Si sa décision n'est pas satisfaisante, n'importe quel membre peut la remettre en question, en disant qu'à son avis, c'est un tel membre (et non celui nommé) qui était le premier à prendre la parole, et faire prendre connaissance par l'assemblée de celui des membres. devrait être entendu. Dans ce cas, la question doit être d'abord prise sur le nom du membre annoncé par le ; et, si cette question devait être tranchée par la négative, alors sur le nom du membre pour lequel la parole a été réclamée contre lui.

48 . La manière de procéder à l'égard de telles communications émanant de personnes non membres, comme il est mentionné ci-dessus, peut s'expliquer

par celle adoptée lors de la présentation d'une pétition, qui peut être considérée comme représentative de la classe entière à laquelle elle appartient.

49 . Une pétition, pour être reçue, doit être signée par le pétitionnaire lui-même, de sa propre main, soit par son nom, soit par sa marque, sauf en cas d'incapacité pour cause de maladie, ou parce que le pétitionnaire est présent en personne ; et doit être présenté ou offert, non par le pétitionnaire lui-même, mais par un membre à qui il est confié à cet effet.

50 . Le député qui présente une pétition doit s'être préalablement informé de son contenu, afin de pouvoir en exposer le fond, en la présentant à l'assemblée, et aussi être prêt à dire s'il y a quelque question à poser. , qu'à son avis, il est rédigé dans un langage approprié et ne contient rien d'intentionnellement irrespectueux envers l'assemblée.

51 . Ainsi préparé, le député se lève à sa la main, et informe l'assemblée qu'il a une certaine pétition, en indiquant le fond, qu'il présente alors ou offre à l'assemblée, et , en même temps, propose (ce qui peut toutefois être fait par tout autre membre) pour qu'il soit reçu ; la motion étant appuyée, la question est mise aux voix si l'assemblée recevra ou non la pétition. C'est la marche habituelle de la procédure ; mais, dans la pratique, il est rare que des questions soient posées lors de la réception d'une pétition ; le président de séance tient généralement pour acquis qu'il n'y a aucune objection à la réception, à moins que cela ne soit indiqué. Si toutefois une objection est faite à une pétition, avant qu'elle n'ait été autrement réglée, le président de séance doit revenir sur ses pas et exiger qu'une motion de réception soit régulièrement faite et appuyée.

52 . Si la question de réception est tranchée par l'affirmative, la pétition est portée à la table par le député qui la présente ; et est-il lu comme bien entendu par le greffier. Elle est ensuite régulièrement devant l'assemblée, pour être traitée comme elle le juge à propos ; la marche habituelle étant soit de procéder immédiatement à l'examen du sujet, soit de fixer un délai futur pour son examen, ou d'ordonner qu'il repose sur la table pour l'examen et la considération des membres individuellement.

53 . Chaque fois qu'un membre présente sa propre proposition à l'examen de l'assemblée, il la met dans la forme qu'il désire qu'elle ait, puis propose qu'elle soit adoptée comme résolution, ordre ou vote de l'assemblée. Si cette proposition rencontre l'approbation des autres membres, que l'un d'eux se lève à sa place et la seconde, elle peut alors être mise en question ; et le résultat, qu'il soit affirmatif ou négatif, devient le jugement de l'assemblée.

54 . Une motion doit être soumise par écrit ; à défaut, le président de séance sera fondé à refuser de le recevoir ; il peut cependant le faire s'il le souhaite et il est prêt à prendre lui-même la peine de le mettre par écrit. Cette règle ne

s'étend qu'aux motions principales, qui, une fois adoptées, deviennent l'acte et expriment le sentiment de l'assemblée ; mais non aux motions subsidiaires ou incidentes 7 qui permettent simplement à l'assemblée de disposer des premières de la manière qu'elle désire, et qui sont toujours sous la même forme. Dans le cas d'une motion d'amendement, qui est une motion subsidiaire, la règle admet une exception, quant à l'insertion de mots supplémentaires, qui, ainsi que la motion principale, doivent être écrits.

55 . Une motion doit également être appuyée, c'est-à-dire approuvée par au moins un membre, exprimant son approbation en se levant et en disant qu'il appuie la motion ; et si une motion n'est pas appuyée, aucun avis ne doit en être pris par le président de séance ; cependant, dans la pratique, de très nombreuses motions, particulièrement celles qui surviennent dans le cadre des affaires courantes, sont admises sans être appuyées. Cette règle s'applique aussi bien aux requêtes subsidiaires qu'aux requêtes principales. L'appui d'une motion semble être requis, parce que le temps de l'assemblée ne doit pas être occupé par une question qui, pour tout ce qui apparaît, n'a personne en sa faveur si ce n'est le motionnaire. Il y a quelques exceptions apparentes à cette règle, qui seront exposées ci-après, dans les cas où un seul membre a le droit d'intenter ou de diriger une procédure particulière ; et une exception réelle est parfois faite par une règle spéciale, exigeant que certaines motions soient appuyées par plus d'un membre.

56 . Lorsqu'une motion a été présentée et appuyée, elle doit alors être déclarée par le président de l'assemblée à l'assemblée, et devient ainsi une question pour sa décision ; et, jusqu'à ce qu'il en soit ainsi indiqué, il n'est pas recevable qu'une autre motion soit présentée 8 ni qu'un membre puisse en parler ; mais, lorsqu'elle est proposée, appuyée et présentée depuis le président, une motion est en possession de l'assemblée et ne peut être retirée par le proposeur, mais par autorisation spéciale de l'assemblée, qui doit être obtenue au moyen d'une motion présentée et appuyée comme dans d'autres cas.

57 . Lorsqu'une motion est régulièrement soumise à l'assemblée, il est du devoir du président de séance de la formuler si elle n'est pas par écrit, ou de la faire lire, si elle l'est, aussi souvent qu'un désire le faire énoncer ou lire pour son information.

58 . Lorsqu'une motion ou proposition est régulièrement soumise à l'assemblée, aucune autre motion ne peut être reçue, à moins qu'elle ne soit antérieure par sa nature à la question à l'étude, et par conséquent habilitée à prendre sa place pour le moment et à être d'abord décidée. .

---

6 Dans la chambre des représentants du Massachusetts, où le siège de chaque membre lui est régulièrement attribué et numéroté, il a été

trouvé utile, pour décider des prétentions de plusieurs concurrents
à la parole, de préférer celui qui se lève à sa place, à un membre qui
s'adresse à l'orateur depuis la zone, les couloirs ou le siège de tout
autre membre. *Retour au texte*

7 Tels que, pour ajourner,—s'allonger sur la table,—pour la question
précédente,—pour ajournement,—engagement, etc. *Retour au texte*

8 « Un député ne peut présenter qu'une seule motion à la fois. Le
contraire a été autorisé au Congrès et est devenu un usage courant
; par exemple, comme lorsqu'un membre présente une motion, puis
se déplace dans le même souffle pour que sa propre motion soit
déposée sur la table.

C'est un grand abus ; et le mauvais exemple du Congrès ne devrait
pas être suivi par d'autres assemblées. Dans un tel cas, le président
de séance doit examiner la première motion et traiter la seconde
comme si elle n'avait pas été présentée. *Retour au texte*

CHAPITRE V.
DES MOTIONS EN GÉNÉRAL.

59 . Lorsqu'une proposition est faite à une assemblée délibérante, pour son adoption, la proposition peut être sous une forme telle qu'elle soit mise en question, et l'assemblée peut être dans un état tel qu'elle est disposée à prendre une décision à son sujet. , immediatement; et lorsque tel est le cas, il suffit de recueillir les votes des membres et de s'assurer du résultat. Mais un état de choses différent peut exister et existe généralement ; l'assemblée peut préférer une autre manière de procéder à une décision immédiate de la question dans forme sous laquelle elle est et comme il convient que chaque corps parlementaire ait les moyens de disposer convenablement de toute proposition qui peut lui être faite, certaines formes de questions ont été inventées de temps à autre et sont maintenant d'usage général dans ce but. . Ces formes de questions peuvent à juste titre être appelées *subsidiaires* , afin de les distinguer du mouvement ou de la question principale à laquelle elles se rapportent.

60 . Les différents états d'esprit dans lesquels une proposition peut être reçue par une assemblée délibérante, et les formes correspondantes de procédure, ou motions subsidiaires, auxquelles elles donnent lieu, afin de connaître le sens de l'assemblée, sont les suivants :

D'abord. L'assemblée peut considérer la proposition comme inutile ou inopportune ; et peut donc désirer le supprimer, soit pour un temps, soit complètement. Les motions subsidiaires, à cet effet, sont la question préalable et l'ajournement indéfini.

Deuxième. L'assemblée peut être disposée à examiner et à examiner une proposition, mais pas au moment où elle est faite ; soit parce que plus d'informations sont souhaitées par les membres individuellement ; ou parce qu'ils désirent pour la réflexion et l'examen ; ou parce que l'assemblée est alors occupée de quelque autre question, qui a des revendications plus pressantes sur son attention actuelle. Les motions habituelles, dans de telles circonstances, sont de reporter la séance à un jour ou à une heure ultérieure et de la mettre sur la table.

Troisième. Le sujet d'une proposition peut être considéré avec faveur, mais la forme dans laquelle elle est présentée peut être si défectueuse qu'un examen plus attentif et plus délibéré que celui qui peut être commodément donné à l'assemblée elle-même, peut être nécessaire pour mettez-le sous une forme satisfaisante. Dans ce cas, il est plus approprié de renvoyer la proposition à un comité.

Quatrième. La proposition peut être acceptable, et la forme dans laquelle elle est présentée jusqu'à présent satisfaisante, que l'assemblée puisse être disposée à l'examiner et à y donner suite, avec les modifications et amendements qu'elle jugera appropriés. La motion adaptée à ce cas est de modifier.

61 . Il ne faut pas supposer que les motions subsidiaires spécifiées ci-dessus soient les seules qui aient été adoptées ou utilisées à un moment donné ; ou qu'il n'est pas compétent à une assemblée délibérante pour formuler à volonté de nouvelles motions ; mais ce sont les formes les plus couramment utilisées et elles sont entièrement suffisantes pour toutes les fins pratiques. 9 Il ne faut pas non plus supposer que ces motions soient toujours appliquées strictement aux cas auxquels elles appartiennent le plus à juste titre ; plusieurs d'entre eux sont fréquemment utilisés à des fins pour lesquelles d'autres seraient plus appropriés. Ces applications erronées seront relevées sous les chefs de diverses motions.

---

9 Il est d'usage dans les assemblées législatives de prévoir par une règle spéciale, à la fois les motions particulières à utiliser et l'ordre dans lequel elles peuvent être présentées. Ainsi, la règle de la Chambre des représentants du Congrès (qui est également adoptée par la Chambre des représentants du Massachusett) est que « quand une question est en débat, aucune motion ne sera reçue, mais celle d'ajourner, de se reposer sur le tableau, pour la question précédente, de reporter à un jour certain, de commettre, d'amender, de remettre indéfiniment, lesquelles plusieurs motions auront préséance dans l'ordre dans lequel elles sont disposées. *Retour au texte*

CHAPITRE VI.
DE MOTIONS À SUPPRIMER.

62 . Lorsqu'une proposition est proposée, dont on suppose qu'elle peut être considérée par l'assemblée , et dont on peut donc désirer se débarrasser, cette proposition peut être supprimée pour un certain temps au moyen de la précédente. question, ou tout à fait par une motion de report sine die.

SECTE. I. QUESTION PRÉCÉDENTE.

63 . L'usage parlementaire original et propre de la question précédente étant, comme indiqué ci-dessus, la suppression d'une question principale, il semble opportun de la considérer comme l'une des motions subsidiaires, à cette fin ; bien que, dans ce pays, il ait été détourné à un usage totalement différent, à savoir la suppression du débat. Cette considération, en relation avec la difficulté du sujet et l'importance d'une compréhension correcte de celui-ci, fait qu'il convient de consacrer plus de place à la question précédente qu'il n'est nécessaire d'en accorder à la plupart des autres motions subsidiaires. Il sera d'abord considéré selon son usage et sa destination initiale : et ensuite tel qu'il est utilisé dans ce pays.

64 . Il y a plusieurs motions qui soulèvent des questions antérieures par leur nature aux autres questions auxquelles elles se rapportent ; mais le terme *précédent* a été appliqué exclusivement à *une* motion dénommée qui a pour objet la suppression d'une motion ou question principale. Cette motion a été introduite à la Chambre des Communes en Angleterre, il y a plus de deux siècles, dans le but de supprimer des sujets délicats, relatifs à de hauts personnages, ou dont la discussion pourrait susciter des observations d'une tendance nuisible. Lorsqu'elle a été utilisée pour la première fois, la forme de la motion était la suivante : *la question principale doit-elle être mise aux voix ?* et une décision négative aurait pour effet de supprimer la question principale pendant toute la session. La forme en a ensuite été changée pour devenir celle qu'elle a aujourd'hui, à savoir : *la question principale doit-elle être posée maintenant ?* et une décision négative aura maintenant pour effet de supprimer la question principale pour le reste de la journée seulement. L'effet de cette motion, en supprimant la question à laquelle elle s'applique, résulte du principe qu'aucun autre examen ou discussion ne peut régulièrement avoir lieu sur un sujet dont il a été décidé qu'il ne serait pas mis en question ; et, par conséquent, lorsque, sur la motion de la question précédente, il a été décidé que la question principale ne serait pas mise aux voix maintenant, cette question est réglée pour ou à une date ultérieure. jour suivant. C'est dans ce but que la question précédente a été inventée à l'origine et pour laquelle elle est encore utilisée au Parlement britannique.

65 . Mais la question précédente peut être tranchée par l'affirmative aussi bien que par la négative, c'est-à-dire que la question principale doit maintenant être posée ; auquel cas, cette question doit être posée immédiatement, sans autre débat, et sous la forme où elle se présente alors. Cette opération de la question précédente, lorsqu'elle est décidée affirmativement, a conduit à l'utiliser dans le but de supprimer le débat sur une question principale et de la mettre immédiatement aux voix ; et c'est ordinairement le seul objet de la question précédente telle qu'elle est utilisée dans les assemblées législatives des États-Unis. 10 L'effet d'une décision négative est différent selon les assemblées ; dans certains, comme, par exemple, dans la chambre des représentants du Congrès, il a pour effet de disposer de la question principale ou principale en la supprimant ou en la retirant de l'audience de la chambre pour la journée ; mais dans d'autres, comme à la Chambre des représentants du Massachusetts et à la Chambre d'assemblée de New York (dans la première par l'usage seulement, et dans la seconde par une règle), l'effet d'une décision négative sur la question précédente est de laisser la question principale en débat pour le reste de la séance, à moins qu'on n'en dispose plus tôt en prenant la question, ou de toute autre manière.

66 . En Angleterre, la question précédente ne sert qu'à supprimer une question principale ; le but du déménageur est d'en obtenir une décision négative ; et l'effet d'une telle décision, même s'il ne s'agit que de supprimer la question du jour, est, en pratique et selon l'usage parlementaire, de disposer complètement du sujet. Dans ce pays, la question précédente sert surtout à étouffer le débat sur une question principale ; le but du déménageur est d'en obtenir une décision affirmative ; et l'effet d'une décision dans l'autre sens, bien que dans certaines assemblées opère techniquement pour supprimer la question principale pour le jour seulement, est, en général, simplement de suspendre l'examen de la question pour ce jour-là ; soit on laisse le débat se poursuivre pendant le reste de la journée, soit on renouvelle le sujet le lendemain ou un autre jour. L'effet d'une décision affirmative est le même dans les deux pays, à savoir la mise aux voix de la question principale immédiatement et sans autre débat, ni délai ni examen.

SECTE. II. REPORT INDÉFINI.

67 . Afin de supprimer complètement une question, sans procéder à un vote direct sur elle, de telle manière qu'elle ne puisse être renouvelée, la motion appropriée est celle d'un ajournement indéfini ; c'est-à-dire un ajournement ou un ajournement de la question, sans fixer de jour pour la reprendre. L'effet de cette motion, si elle est décidée par l'affirmative, est d'annuler entièrement la proposition ; comme un ajournement indéfini équivaut à une dissolution, ou que la continuation d'un procès, sans jour, en est un abandon. Une décision négative n'a aucun effet. 11

10 M. Jefferson (Manuel, § xxxiv.) considère cette extension de la question précédente comme un abus. Il est d'avis que « d'autres formes parlementaires plus simples répondraient tout aussi bien à ses utilisations, et c'est pourquoi il ne faudrait pas la favoriser, mais la restreindre dans des limites aussi étroites que possible ». Cependant, malgré cette suggestion, l'utilisation de la question précédente, comme indiqué ci-dessus, est devenue si fermement établie qu'elle ne peut plus être troublée ou ébranlée. *Retour au texte*

11 « La motion de report indéfini ne peut être amendée. Lorsqu'une motion de report indéfini l'emporte, la proposition ainsi reportée ne peut pas être renouvelée en cours de session . *Retour au texte*

CHAPITRE VII.
DE PROPOSITIONS DE REPORT.

68 . Si l'assemblée veut bien examiner une question, mais pas au moment où elle est proposée, la meilleure solution est soit de remettre la question à un autre jour, soit de l'ordonner de rester sur la table.

69 . Lorsque les membres désirent individuellement plus d'informations qu'ils n'en possèdent, au moment où une question est proposée, ou désirent plus de temps pour réfléchir et examiner, la motion appropriée est de reporter le sujet à un jour ultérieur qui répondra aux vues de l'assemblée.

70 . Cette motion est parfois utilisée à mauvais escient, pour se débarrasser complètement d'une proposition, comme le ferait un ajournement indéfini. Ceci s'effectue en fixant un jour qui, selon le cours commun des choses, n'arrivera qu'après la clôture de l'assemblée. Mais une motion formulée de cette manière équivaut précisément à une motion d'ajournement indéfini et doit être considérée et traitée comme telle.

71 . Si l'assemblée a quelque chose d'autre devant elle, qui réclame son attention présente, et qu'elle désire par conséquent ajourner une proposition particulière, jusqu'à ce que ce sujet soit réglé, un tel ajournement peut être effectué au moyen d'une motion selon laquelle l'affaire en question est renvoyée à l'Assemblée. tableau. Si cette motion l'emporte, le sujet ainsi réglé pourra être repris, à tout moment par la suite, et examiné, quand cela conviendra à la convenance de l'assemblée.

72 . Ce mouvement est aussi parfois utilisé pour la disposition finale d'un sujet ; et cela a toujours cet effet, lorsqu'aucune motion n'est ensuite faite pour le reprendre. 12

---

12 « Cette motion (c'est-à-dire *celle de s'allonger sur la table*) n'est pas sujette à débat et n'est pas sujette à amendement. » — ED. *Retour au texte*

CHAPITRE VIII.
DE MOTIONS À ENGAGER.

73 . Le troisième cas d'utilisation d'une motion subsidiaire, comme nous l'avons déjà dit, se produit lorsque le sujet d'une proposition est considéré avec faveur, mais que la forme dans laquelle elle est présentée est si défectueuse qu'un examen plus attentif et délibéré est nécessaire. nécessaire, qu'on peut lui donner commodément dans l'assemblée elle-même, afin de lui donner une forme satisfaisante. La marche à suivre consiste alors à renvoyer le sujet à un comité ; ce qu'on appelle un engagement ou, si le sujet a déjà été entre les mains d'un comité, un réengagement.

74 . S'il y a un comité permanent de l'Assemblée dont les fonctions embrassent le sujet en question, la motion devrait être de le renvoyer à ce comité ; s'il n'existe pas de comité de ce type, la motion devrait alors consister à renvoyer à un comité restreint. S'il y a un doute quant à savoir si un comité permanent particulier est approprié ou non, et que des propositions sont faites pour un renvoi à ce comité, ainsi que pour un renvoi à un comité restreint, la première proposition devrait d'abord être mise aux voix.

75 . Lorsqu'un sujet est renvoyé ou réengagé, le comité peut être instruit ou ordonné par l'assemblée, quant à toute partie ou à la totalité des fonctions qui lui sont assignées ; ou le sujet peut être laissé avec eux sans instructions. Dans le premier cas, les instructions doivent bien entendu être respectées ; dans ce dernier cas, la commission a plein pouvoir sur peut en faire rapport, de la manière qui lui plaît, pourvu qu'elle s'en tienne aux formes reconnues des procédures parlementaires.

76 . Une partie seulement d'un sujet peut être commise, sans le résidu ; ou différentes parties peuvent être confiées à différents comités.

77 . On se sert parfois d'un engagement avec instructions comme d'un moyen commode pour obtenir de plus amples renseignements et, en même temps, pour reporter l'examen d'un sujet à un jour futur, quoique incertain.

CHAPITRE IX.
DE MOTIONS POUR MODIFIER.

78 . Le dernier cas, pour l'introduction de motions subsidiaires, est celui où l'assemblée est satisfaite du sujet d'une proposition, mais non de sa forme, ni de toutes ses différentes parties, ou désire y faire quelque ajout. La marche à suivre consiste alors à mettre la proposition dans la forme appropriée et à rendre ses détails satisfaisants, au moyen d'amendements ou de certaines et ayant le même objectif général en vue. C'est cette dernière qui sera d'abord considérée.

SECTE. I. DIVISION D'UNE QUESTION.

79 . Lorsqu'une proposition ou une motion est compliquée, c'est-à-dire composée de deux ou plusieurs parties, qui sont tellement indépendantes les unes des autres, qu'elles sont susceptibles d'être divisées en plusieurs questions, et qu'il est supposé que l'assemblée peut en approuver certaines, mais non de toutes ces parties, c'est un mode d'amendement abrégé que de diviser la motion en questions distinctes, qui seront votées séparément et décidées par l'assemblée. Cette division peut avoir lieu par l'ordre de l'assemblée, sur une motion régulièrement faite et appuyée à cet effet.

80 . Lorsqu'une motion est ainsi divisée, elle devient une série de questions, qui doivent être considérées et traitées chacune par elle-même, comme une proposition indépendante, dans l'ordre dans lequel elles se présentent ; et quand ils auront tous été examinés et décidés, le résultat sera le même, comme si des motions d'amendement en retranchant les différentes parties avaient été faites et mises aux voix. Lorsqu'une motion de division est celui qui la propose doit préciser dans sa motion la manière dont il se propose de faire la division et cette motion, comme toute autre motion de la nature d'un amendement, est elle-même susceptible d'être amendée.

81 . On affirme parfois que chaque membre individuel a le droit de voir une question compliquée (à condition qu'elle soit susceptible de division) divisée en plusieurs parties, et une question posée séparément à chacun, sur sa simple demande, et sans aucune motion. ou tout vote de l'assemblée à cette fin. Mais c'est une erreur ; il n'existe pas de telle règle de procédure parlementaire ; une question compliquée ne peut être séparée qu'en proposant des amendements de la manière habituelle, ou en proposant sa division de la manière indiquée ci-dessus.

82 . Il n'est pas rare cependant qu'une assemblée délibérante ait une règle prévoyant la division d'une question compliquée (pourvu qu'elle soit susceptible de division) en ses diverses parties, à la demande d'un membre. Lorsque tel est le cas, il appartient au président (sous réserve bien entendu de

la révision de l'assemblée) de décider, lorsque la division d'une motion est demandée, , si la est susceptible de division, et 2° en combien et en quelles parties il peut être divisé.

83 . Une proposition, pour être divisible, doit comprendre des points si distincts et si entiers, que, si l'on en supprime un ou plusieurs, les autres peuvent subsister entiers et seuls ; mais un paragraphe qualificatif, comme par exemple une exception ou une réserve, s'il est séparé de l'affirmation ou de la déclaration générale à laquelle il appartient, ne contient pas un point ou une proposition entière.

SECTE. II. REMPLIR LES BLANCS.

84 . Il arrive souvent qu'une proposition est introduite avec des espaces laissés exprès par le proposant pour être remplis par l'assemblée, soit avec des temps et des nombres, soit avec des dispositions analogues à celles de la proposition elle-même. Dans ce dernier cas, les blancs sont remplis de la même manière que d'autres modifications par insertion de mots sont apportées. Dans le premier cas, les propositions visant à combler les blancs ne sont pas considérées comme des amendements à la question, mais comme des motions originales, à présenter et à décider avant la question principale.

85 . Lorsqu'un espace est laissé à remplir par un , et la question prise sur chacune d'entre elles, et avant qu'une autre ne soit faite ; ou plusieurs motions peuvent être présentées et pendantes avant que l'une d'entre elles ne soit mise aux voix. Ce dernier mode de procéder, qui est le plus habituel aussi bien que le plus commode, exige que les diverses propositions soient disposées et que la question soit prise à leur sujet, dans un ordre qui permettra le plus tôt et le plus sûrement à l'assemblée de parvenir à une décision. un accord.

86 . En déterminant l'ordre à adopter, le but n'est pas de commencer par cet extrême qui, et qui plus est, étant à la portée de chacun, personne ne peut voter contre cet ordre, et pourtant, s'il devait être adopté par l'affirmative, toute question car plus serait exclu; mais, à cet extrême, qui sera susceptible d'unir le moins, puis d'avancer ou de reculer, jusqu'à ce qu'un nombre ou un temps soit atteint, qui unira la majorité.

87 . Par conséquent, lorsque plusieurs propositions différentes sont faites pour remplir des blancs avec un temps ou un nombre, la règle est que si le *plus grand* comprend le *moindre* , comme dans la question de savoir jusqu'à quel jour un ajournement aura lieu, le nombre de dont sera composé un comité, — le montant d'une amende à imposer, — la durée d'un emprisonnement, — la durée d'irréductible d'un emprunt, — ou le *terminus in quem* dans tout autre cas, la question doit commencer *par un maximo* . et on prendra d'abord le plus grand ou le plus éloigné, et ainsi de suite jusqu'au plus petit ou le plus proche, jusqu'à ce que l'assemblée vienne au vote. Mais, si le *moindre*

comprend le *plus grand* , comme dans les questions sur la limitation du taux d'intérêt, le montant d'un impôt, — le jour où la session d'une assemblée législative sera close, par ajournement, — le jour où commencera la prochaine session, — ou le *terminus a quo* dans tout autre cas, la question doit commencer *un minimum* , et on le prendra d'abord au plus petit ou au plus proche, et ainsi de suite au plus grand ou au plus éloigné, jusqu'à ce que l'assemblée vienne au vote. 13

SEC. III. ADDITION,—SÉPARATION, TRANSPOSITION.

88 . Lorsqu'il serait préférable de regrouper les matières contenues dans deux propositions distinctes en une seule, la manière de procéder consiste à rejeter l'une d'elles, puis à en incorporer la substance à l'autre par voie d'amendement. Un meilleur moyen, cependant, si les affaires de l'assemblée permettent qu'elles soient adoptées, est de renvoyer les deux propositions à un comité, avec instruction de les incorporer ensemble en une seule.

89 . Ainsi, d'un autre côté, si la matière d'une proposition devait être plus convenablement répartie en deux, n'importe quelle partie de celle-ci peut être supprimée par voie d'amendement et mise sous la forme d'une proposition nouvelle et distincte. Mais dans ce cas comme dans le premier cas, une meilleure méthode serait généralement de renvoyer le sujet à un comité.

90 . De même, si un paragraphe ou un article demande à être transposé, une question doit être posée pour le supprimer là où il se trouve, et une autre pour l'insérer à l'endroit désiré.

91 . Les numéros préfixés aux différentes proposition, ne sont que des indications marginales et ne font aucune partie du texte de la proposition elle-même ; et, s'il y a lieu, ils peuvent être modifiés ou réglés par le greffier, sans aucun vote ni ordre de l'assemblée.

SECTE. IV. MODIFICATION OU AMENDEMENT PAR LE PROPOSANT.

92 . Celui qui propose une proposition est quelquefois autorisé à la modifier, après qu'elle a été formulée sous forme de question par le président de séance ; mais comme cela équivaut à un retrait de la motion, pour en substituer une autre à la place ; et puisque, comme on l'a déjà vu, une motion régulièrement faite, appuyée et proposée, ne peut être retirée sans permission ; il est clair que la pratique évoquée ne repose que sur le consentement général ; et que, en cas d'objection, le proposant d'une proposition doit obtenir la permission de l'assemblée, par une motion et une question, dans le but de lui permettre de modifier sa proposition.

93 . De même, lorsqu'un amendement a été régulièrement proposé et appuyé, il est parfois d'usage que celui qui propose la proposition se rapporte signifie son consentement, et que l'amendement soit alors fait, sans toute question

en est saisie par l'assemblée. Cependant, comme cette procédure est essentiellement la même que celle décrite dans le paragraphe précédent, elle repose bien entendu sur le même fondement et est soumise à la même règle.

SECTE. V. RÈGLES GÉNÉRALES RELATIVES AUX MODIFICATIONS.

94 . Tous les amendements dont une proposition est susceptible, quant à la forme, peuvent être effectués de trois manières, savoir, soit par l'insertion, soit par l'ajout de certains mots ; ou en supprimant certains mots ; ou en supprimant certains mots et en en insérant ou en ajoutant d'autres. Ces diverses formes de modification sont soumises à certaines règles générales qui, étant également applicables à toutes, nécessitent d'être précisées au préalable.

95 . *Première règle.* Lorsqu'une proposition se compose de plusieurs sections, paragraphes ou résolutions, l'ordre naturel pour l'examiner et la modifier est de commencer par le début et de la parcourir progressivement par paragraphes ; et lorsqu'une dernière partie a été amendée, ce n'est pas pour revenir en arrière et apporter une altération ou un amendement à une ancienne partie.

96 . *Deuxième règle.* Tout amendement qui peut être proposé, soit par suppression, soit par insertion, soit par suppression et insertion, est lui-même susceptible d'amendement ; mais il ne peut y avoir d'amendement d'amendement à amendement : ce serait un tel empilement de questions les unes sur les autres, qu'il en résulterait un grand embarras ; et comme la ligne doit être tracée quelque part, elle a été fixée par l'usage après l'amendement sur l'amendement. Le but que l'on se propose d'atteindre par une telle procédure doit être recherché en rejetant l'amendement à l'amendement, dans la forme dans laquelle il est proposé, puis en le proposant à nouveau sous la forme dans laquelle il souhaite être modifié. , dans lequel il ne s'agit que d'un amendement à un amendement ; et pour ce faire, celui qui désire amender un amendement doit donner avis que, s'il est rejeté, dans la forme dans laquelle il est présenté, il le présentera à nouveau dans la forme dans laquelle il désire le faire adopter.

97 . Ainsi, si une proposition consiste en A B, et qu'on se propose de la modifier en insérant C D, on peut proposer de modifier l'amendement en insérant E F ; mais il ne peut être proposé de modifier cet amendement, comme par exemple en insérant G. La seule façon d'y parvenir est de rejeter l'amendement sous la forme dans laquelle il est présenté, c'est-à-dire d'insérer E F, et de le déplacer sous la forme dans laquelle on souhaite le modifier, c'est-à-dire d'insérer E G F.

98 . *Troisième règle.* Tout ce qui est convenu par l'assemblée, lors d'un vote, soit pour adopter, soit pour rejeter un amendement proposé, ne peut être ensuite modifié ou amendé.

99 . Ainsi, si une proposition consiste en A B et qu'elle est déplacée pour insérer C ; si l'amendement prévaut, C ne peut être modifié ultérieurement, car il a été convenu sous cette forme ; et, ainsi, s'il est proposé de supprimer B, et que l' amendement est rejeté, B ne peut pas ensuite être amendé, car un vote contre sa suppression équivaut à un vote pour l'accepter tel qu'il est.

100 . *Quatrième règle.* Tout ce qui est en désaccord par l'assemblée, lors d'un vote, ne peut être ensuite proposé à nouveau. Cette règle est l'inverse et peut être illustrée de la même manière.

101 . Ainsi, s'il est proposé de modifier A B en insérant C, et que l'amendement est rejeté, C ne peut pas être proposé à nouveau ; ou, s'il est proposé de modifier A B en supprimant B, et que l'amendement l'emporte, B ne peut pas être rétabli ; parce que, dans le premier cas, C et, dans l'autre, B, ont été rejetés par un vote.

102 . *Cinquième règle.* L'incompatibilité ou l'incompatibilité d'un amendement proposé avec un amendement déjà adopté est un motif valable pour son rejet par l'assemblée, mais non pour sa suppression par le président, comme contre l'ordre ; car, si l'on permettait que des questions de cette nature soient soumises à la juridiction du président, comme questions d'ordre, il pourrait usurper un refus sur des modifications importantes, et supprimer ou embarrasser, au lieu de servir la volonté de l'assemblée.

SECTE. VI. AMENDEMENTS PAR SUPPRESSION.

103 . Si un amendement est proposé en supprimant un paragraphe particulier ou certains mots, et que l'amendement est rejeté, il ne peut être proposé de nouveau de supprimer les mêmes partie d'entre eux ; mais il peut être poussé à rayer les mêmes mots avec d'autres, ou à rayer une partie des mêmes mots avec d'autres, à condition que la cohérence à rayer soit si substantielle qu'elle fasse de ces propositions, en fait, différentes des propositions proposées. ancien.

104 . Ainsi, si une proposition consiste en A B C D et qu'elle est proposée pour supprimer B C ; si cet amendement est rejeté, il ne pourra plus être proposé ; mais il peut être proposé de supprimer A B, ou A B C, ou B C D ou C D.

105 . Si un amendement par suppression est accepté, il ne peut être ensuite proposé pour insérer les mêmes mots supprimés ou une partie d'entre eux ; mais il peut être poussé à insérer les mêmes mots avec d'autres, ou une partie

des mêmes mots avec d'autres, pourvu que la cohérence à insérer rende ces propositions substantiellement différentes des premières.

106 . Ainsi, si la proposition A B C D est modifiée en supprimant B C, elle ne peut pas être déplacée pour insérer à nouveau B C ; mais il peut être déplacé pour insérer B C avec d'autres mots, ou B avec d'autres ou C avec d'autres.

107 . Lorsqu'il est proposé de modifier en supprimant un paragraphe particulier, il peut être proposé de modifier cet amendement, de trois , à savoir, soit en supprimant une partie seulement de l'alinéa, soit en insérant ou en ajoutant des , ou en retranchant et en insérant.

108 . Ainsi, s'il est proposé de modifier la proposition A B C D, en retranchant B C, il pourra être proposé de modifier cet amendement en retranchant B seulement ou C seulement, ou en insérant E, ou en retranchant B ou C, et en insérant E. .

109 . Dans le cas d'un amendement proposé par suppression, l'effet du vote sur celui-ci, qu'il soit décidé par l'affirmative ou par la négative selon les troisième et quatrième règles mentionnées ci-dessus, rend nécessaire pour ceux qui désirent conserver l'alinéa de modifier si un amendement est nécessaire, avant le vote sur la suppression ; car, s'il est supprimé, il ne peut être rétabli et, s'il est conservé, il ne peut être modifié.

110 . Comme un amendement doit nécessairement être mis aux voix avant la motion principale ; la question doit donc être mise aux voix sur un amendement à un amendement avant d'être mise aux voix sur l'amendement ; mais comme c'est la limite extrême jusqu'à laquelle les motions peuvent être posées les unes sur les autres, il ne peut y avoir aucune préséance de l'une sur l'autre parmi les ; et, par conséquent, ils ne peuvent être déplacés qu'un à la fois, ou, du moins, doivent être mis aux voix dans l'ordre dans lequel ils sont déplacés.

111 . Lorsqu'une motion de suppression de mots est mise aux voix, la forme parlementaire est toujours de savoir si les mots doivent *faire partie* de la motion principale, et non s'ils *doivent être supprimés* . La raison de cette façon de poser la question est probablement que la question peut être prise de la même manière sur une partie que sur l'ensemble de la motion principale ; ce qui ne serait pas le cas si la question était posée par suppression ; dans la mesure où la question sur la motion principale, lorsqu'elle sera formulée, portera sur son approbation, et non sur sa radiation ou son rejet. D'ailleurs, comme une division égale de l'assemblée produirait une décision différente de la question, selon la manière de la poser, il pourrait arriver, si la question sur l'amendement était posée par suppression, que la même question serait décidée à la fois. affirmativement et négativement par le même vote. 14

112 . Sur une motion d'amendement en retranchant certains mots, la manière de poser la question est de lire d'abord le passage proposé à être amendé, tel qu'il est; puis les mots proposés à être supprimés ; et enfin, tout le passage tel qu'il sera si l'amendement est adopté.

SECTE. VII. MODIFICATIONS PAR INSERTION.

113 . Si un amendement est proposé par l'insertion ou l'ajout d'un paragraphe ou de mots et que l'amendement est rejeté, il ne peut pas être proposé à nouveau pour insérer les mêmes mots ou une partie d'entre eux ; mais il peut être poussé à insérer les mêmes mots chez d'autres, ou une partie des mêmes mots chez d'autres, à condition que la cohérence en fasse réellement des propositions différentes.

114 . Ainsi, s'il est proposé d'amender la proposition A B en insérant C D, et que l'amendement est rejeté, C D ne peut plus être proposé ; mais il peut être déplacé pour insérer C E, ou D E, ou C D E.

115 . S'il est proposé de modifier en insérant un paragraphe, et que l'amendement l'emporte, il ne peut être proposé ensuite de supprimer les mêmes mots ou une partie d'entre eux ; mais il peut être poussé à rayer les mêmes mots avec d' , mêmes mots avec d'autres, pourvu que la cohérence soit telle qu'elle rende ces propositions réellement différentes des premières.

116 . Ainsi, si dans l'exemple ci-dessus on suppose que l'amendement prévaut et que C D est inséré, il ne peut pas ensuite être proposé pour supprimer C D, mais il peut être proposé pour supprimer A C ou A C D, ou D B, ou C D B.

117 . Lorsqu'il est proposé de modifier par insertion d'un paragraphe, cet amendement peut être modifié de trois manières différentes, à savoir soit par la suppression d'une partie de l'alinéa ; ou en y insérant quelque chose ; ou en retranchant et en insérant.

118 . Ainsi, s'il est proposé de modifier A B en insérant C D, cet amendement peut être modifié soit en supprimant C ou D, soit en insérant E, soit en supprimant C ou D et en insérant E.

119 . Lorsqu'il est proposé d'amender en insérant un paragraphe, ceux qui sont en faveur de l'amendement devront l'amender, s'il y a lieu, avant que la question ne soit prise ; car s'il est il ne peut plus être déplacé, et s'il est reçu, il ne peut être amendé

120 . Il n'y a pas de préséance les uns sur les autres dans les amendements aux amendements par insertion, pas plus que dans les amendements aux amendements par suppression.

121 . Sur une motion d'amendement par insertion d'un paragraphe, la manière de poser la question est, d'abord, de lire le passage à amender tel qu'il est; puis les mots proposés à insérer ; et enfin, l'ensemble du passage tel qu'il sera si l'amendement l'emporte.

SECTE. VIII. MODIFICATIONS PAR SUPPRESSION ET INSERTION.

122 . La troisième manière de modifier une proposition, c'est-à-dire en supprimant certains mots et en en insérant d'autres à leur place, est en fait une combinaison des deux autres formes ; et peut en conséquence être divisé en ces deux formes, soit par un vote de l'assemblée, soit sur la demande d'un membre, en vertu d'une règle spéciale à cet effet. 16

123 . Si la motion est divisée, la question est d'abord prise avec suppression; et si cela est décidé par l'affirmative, alors, lors de l'insertion ; mais si la première solution est décidée par la négative, la seconde tombe, bien sûr. Lors d'une division, la procédure est la même pour chaque branche de la question, en commençant par la suppression, comme si chaque branche avait été déplacée d'elle-même.

124 . Si la motion de radiation et d'insertion est mise aux voix sans partage et est décidée par la négative, la même motion ne peut être présentée de nouveau ; mais on peut proposer de supprimer les mêmes mots et, 1, de ne rien insérer ; 2, insérez d'autres mots ; 3, insérez les mêmes mots avec d'autres ; 4, insérez une partie des mêmes mots avec d'autres ; 5, rayez les mêmes mots avec d'autres et insérez-les ; 6, rayer une partie des mêmes mots avec d'autres et insérer la même chose ; 7, biffer les autres mots et insérer les mêmes ; et, 8, insérer les mêmes mots, sans rien supprimer.

125 . Si la requête en radiation et insertion est tranchée par l'affirmative, elle ne peut alors être proposée pour insérer les mots rayés ou une partie d'eux, ou pour rayer les mots insérés, ou une partie d'eux ; mais, il peut être proposé, 1, d'insérer les mêmes mots avec d'autres ; 2, pour insérer une partie des mêmes mots avec d'autres ; 3, pour rayer les mêmes mots avec d'autres ; ou, 4, rayer une partie des mêmes mots avec d'autres.

126 . Lorsqu'il est proposé de modifier par suppression et insertion, cet amendement peut être modifié de trois manières différentes dans le paragraphe proposé à être supprimé, ainsi que dans le paragraphe proposé à insérer, à savoir, en supprimant ou en insérant : ou biffer et insérer. Et ceux qui sont en faveur de l'un ou l'autre paragraphe doivent le modifier, avant que la question ne soit prise, pour les raisons déjà exposées, à savoir que, s'il est décidé par l'affirmative, la partie supprimée ne peut être rétablie, ni la partie insérée ne peut être modifiée. ; et, en cas de décision négative, la partie proposée à être supprimée ne peut être modifiée ni le paragraphe proposé à être inséré ne peut être déplacé à nouveau.

127 . Sur une motion pour amender, en retranchant certains mots et en insérant d'autres, la est d'abord de lire tout le passage à amender, tel qu'il est; puis les mots proposés à être supprimés ; ensuite ceux à insérer ; et, enfin, l'ensemble du passage tel qu'il sera une fois modifié.

SECTE. IX. AMENDEMENTS MODIFIANT LA NATURE D'UNE QUESTION.

128 . Le terme amendement n'est strictement applicable qu'aux changements d'une proposition, par lesquels elle est améliorée, c'est-à-dire rendue plus efficace dans le but qu'elle vise, ou amenée à exprimer plus clairement et plus définitivement le sens auquel elle est destinée. exprimer. Il semble donc approprié que seuls ceux qui y sont favorables entreprennent d'amender une proposition ; mais ce n'est en aucun cas la règle ; lorsqu'une proposition est régulièrement proposée et appuyée, elle est en possession de l'assemblée, et ne peut être retirée que par sa permission ; il est alors devenu la base des travaux futurs de l'assemblée, et peut prendre n'importe quelle forme et être orienté vers n'importe quel but que l'assemblée jugera approprié.

129 . Il est par conséquent permis d'amender une proposition de manière à en altérer entièrement et à lui faire porter un sens différent de celui qu'elle était initialement destinée à porter ; afin que les partisans du projet, tel qu'il a été présenté pour la première fois, puissent eux-mêmes être forcés de voter contre ce texte, sous sa forme amendée.

130 . Cette manière de procéder est parfois adoptée dans le but de rejeter une proposition, en obligeant ses amis originels à s'unir à ceux qui s'y opposent, en votant pour son rejet. Ainsi, aux Chambres des Communes britanniques, le 29 janvier 1765, une résolution fut proposée : « Qu'un mandat général pour appréhender les auteurs, imprimeurs ou éditeurs d'un libelle, ainsi que leurs journaux, n'est pas garanti par la loi, et est une grave violation de la liberté du sujet : » — il a été proposé d'amender cette motion en préfixant le paragraphe suivant, à savoir : « Que dans le cas particulier des libelles, il convient et nécessaire de fixer, par un vote de la présente maison seulement, ce qui doit être considéré comme la loi en matière de mandats généraux ; et, à cette fin, au moment où la détermination de la légalité de tels mandats, dans le cas d'une diffamation la plus séditieuse et la plus trahison, dépend effectivement devant les tribunaux, que cette chambre déclare »- qu'un *[Un mandat général pour appréhender les auteurs, imprimeurs ou éditeurs d'un libelle ainsi que leurs journaux, n'est pas garanti par la loi et constitue une violation grave de la liberté du sujet.* L'amendement a été adopté après un long débat, puis la résolution ainsi amendée a été immédiatement rejetée sans vote. 17

131 . Mais parfois, la nature d'une proposition est modifiée au moyen d'amendements, en vue de son adoption dans un sens exactement à l'opposé de ce qu'elle était censée contenir à l'origine. Voici un exemple frappant de

cette manière de procéder. A la Chambre des Communes, le 10 avril 1744, une résolution fut proposée, déclarant : « Que l'émission et le paiement au duc d'Aremberg de la somme de quarante mille livres sterling, pour mettre les mouvement dans l'année 1742, fut une dangereuse mauvaise utilisation de l'argent public et destructrice des droits du Parlement. Le but de cette résolution était de censurer la conduite des ministres ; et les amis du ministère, étant en majorité, auraient pu voter directement sur la motion et la rejeter. Mais ils préférèrent en faire une résolution approuvant la conduite des ministres dans l'occasion en question ; et il fut en conséquence proposé de modifier, en supprimant les mots « une mauvaise application dangereuse », etc., à la fin de la motion, et en insérant à la place les mots « nécessaire pour mettre lesdites troupes en mouvement, et de grande conséquence ». à la cause commune. » L'amendement étant adopté, il fut résolu (inversant la proposition originale) « Que l'émission et le paiement au duc d'Aremberg de la somme de quarante mille livres, pour mettre les troupes autrichiennes en mouvement, en l'année 1742, étaient nécessaires pour mettre les troupes autrichiennes en mouvement. dit des troupes en mouvement, et d'une grande importance pour la cause commune.

132 . C'est une manière de rejeter une proposition, quelque peu semblable à celle ci-dessus, que d'en appliquer ou d'en étendre le principe, au moyen d' , de manière à montrer l'inconvénient, l'absurdité ou le danger de son adoption avec une clarté si évidente, qu'il devient impossible à l'assemblée de l'accepter. Ainsi, une motion ayant été faite dans la chambre des communes, « pour obtenir des copies de toutes les lettres écrites par les seigneurs de l'amirauté à un certain officier de la marine », il fut proposé d'amender la motion en ajoutant ces mots : quelles lettres peuvent contenir des ordres, ou être relatives à des ordres, non exécutés et subsistant encore. Cet amendement étant adopté, la motion ainsi amendée est rejetée à l'unanimité.

133 . On verra, d'après les exemples précédents, que, en tant que promoteur d'une proposition, il n'est soumis à aucune restriction quant à l'inclusion de questions incongrues dans la même motion ; ainsi, d'un autre côté, l'assemblée peut greffer sur une motion, par voie d'amendement, une matière qui est non seulement incongrue, mais entièrement opposée à la motion telle qu'elle a été initialement présentée ; et, dans les assemblées législatives, il n'est pas rare d'amender un projet de loi en supprimant tout ce qui suit la clause édictante et en insérant un projet de loi entièrement nouveau ; ou pour amender une résolution en supprimant tout ce qui suit les mots « Résolu cela », et en insérant une proposition d'une teneur entièrement différente.

---

13 La règle ci-dessus est celle énoncée par M. Jefferson ($ 33), et elle est valable lorsqu'elle n'est pas remplacée par une règle spéciale, ce

qui est généralement le cas dans nos assemblées législatives ; comme, par exemple, au Sénat des États-Unis, la règle est que, pour remplir les blancs, la PLUS GRANDE somme et LE PLUS LONG temps doivent être mis en premier. Dans la chambre des communes, en Angleterre, la règle établie par l'usage est que la PLUS PETITE somme et le PLUS LONG temps seront mis en premier. *Retour au texte*

14 La façon courante, sinon la seule, de poser la question, dans les assemblées législatives de ce pays, est de « rayer ». *Retour au texte*

15 C'est le cas courant de la suppression d'un paragraphe, après qu'il ait été modifié par l'insertion de mots. *Retour au texte*

16 M. Jefferson (§ xxxv.) dit : « la question, si on le souhaite, doit alors être divisée », etc. ; mais, comme il ne fait aucune exception à la motion de radiation et d'insertion, lorsqu'il traite du sujet de la division, et ne l'énonce pas ici comme une exception, il suppose sans aucun doute que la division dans ce cas est faite de la manière régulière et habituelle. manière. *Retour au texte*

17 Toutefois, cette façon de faire échouer une mesure ne réussit pas toujours. En 1780, M. Dunning ayant présenté une motion à la Chambre des communes « selon laquelle, de l'avis de cette chambre, l'influence de la couronne a augmenté, augmente et devrait être diminuée », Dundas, lord-avocat de L'Écosse, afin de rejeter la motion, a proposé de modifier, en insérant, après les mots, DANS L'AVIS DE CETTE CHAMBRE , les mots IL EST MAINTENANT NÉCESSAIRE DE DÉCLARER QUE, ETC. Mais cet amendement, au lieu d'intimider les amis de la motion originale, fut aussitôt adopté par eux, et la résolution adoptée telle qu'amendée. *Retour au texte*

CHAPITRE X.
DE L'ORDRE ET DE LA SUCCESSION DES QUESTIONS.

134 . C'est une règle générale que, lorsqu'une proposition est régulièrement soumise à une assemblée délibérante pour examen, aucune autre proposition ou motion ne peut régulièrement être faite ou surgir, de manière à prendre la place de la première et à être d'abord mise en œuvre. à moins que ce ne soit, *premièrement* , une question privilégiée ; *deuxièmement* , une question subsidiaire ; ou, *troisièmement* , une question ou une motion incidente.

135 . Toutes ces motions remplacent la motion principale, ou question principale, comme on l'appelle habituellement, et doivent d'abord être mises aux voix ; et entre eux aussi, il y en a qui, de la même manière, tiennent lieu de tous les autres. Certaines de ces questions remplacent simplement la question principale, jusqu'à ce qu'elles soient résolues ; et, une fois décidé, que ce soit affirmativement ou négativement, laissez cette question comme avant. D'autres d'entre elles remplacent également la question principale, jusqu'à ce qu'elles soient résolues ; et, une fois décidé d'une manière, disposer de la question principale ; mais, si vous en décidez autrement, laissez-le comme avant.

SECTE. I. QUESTIONS PRIVILÉGIÉES.

136 . Il y a certaines motions ou questions qui, en raison de l'importance supérieure qu'on leur attribue, soit par suite d'un vote de l'assemblée, soit en elles-mêmes examinées, soit en raison de la nécessité des débats auxquels elles conduisent, ont le droit d'être examinées. la place de tout autre sujet ou proposition, qui peut alors être examiné, et qui doit d'abord être traité et décidé par l'assemblée. On les appelle questions privilégiées, parce qu'elles ont droit à la préséance sur les autres questions, quoiqu'elles soient à des degrés différents entre elles. Les questions de cette nature sont de trois sortes, savoir : *premièrement* , les motions d'ajournement ; *2°* les motions ou questions relatives aux droits et privilèges de l'assemblée ou de ses membres individuellement ; et, *troisièmement* , les motions relatives à l'ordre du jour.

AJOURNEMENT.

137 . Une motion d'ajournement tient lieu de toutes autres questions quelles qu'elles soient ; 18 car, autrement, l'assemblée pourrait être maintenue siégeant contre son gré et pour une durée indéterminée ; mais, pour donner à cette motion la préséance, il faut simplement « ajourner », sans ajouter de jour ou d'heure particulier. Et comme le but de cette motion, lorsqu'elle est présentée au milieu d'une autre procédure, et en vue de remplacer une

question déjà proposée, est simplement de rompre la séance, elle n'admet aucun amendement par l'ajout d'un un jour donné, ou de toute autre manière ; cependant, si une motion d'ajournement est présentée, alors qu'aucune autre affaire n'est devant l'assemblée, elle peut être amendée comme les autres questions.

138 . Une motion d'ajournement consiste simplement à « que cette assemblée s'ajourne maintenant » ; et, s'il est adopté par l'affirmative, l'assemblée est ajournée au jour de séance suivant ; à moins qu'il n'ait été préalablement décidé qu'au lever, il s'ajournerait à un jour particulier ; auquel cas, elle est ajournée à ce jour.

139 . Un ajournement sans jour, c'est-à-dire sans qu'aucune heure ne soit fixée pour la réunion, équivaudrait, dans le cas d'une assemblée autre qu'une assemblée législative, à une dissolution. 19

140 . Lorsqu'une question est interrompue par un ajournement, avant qu'un vote ou une question n'ait été prise sur elle, elle est ainsi retirée de l'assemblée et ne sera pas présentée devant elle, bien entendu, lors de sa prochaine réunion, mais doit être présenté de la manière habituelle.

QUESTIONS DE PRIVILÈGE.

141 . Les questions qui viennent ensuite en importance relative, et qui remplacent pour le moment toutes les autres, , sont celles qui concernent les droits et privilèges de l'assemblée, ou de ses membres individuels ; comme, par exemple, lorsque les débats de l'assemblée sont troublés ou interrompus, que ce soit par des étrangers ou des membres ; ou lorsqu'une querelle surgit entre deux membres ; et, dans ces cas, la question de privilège remplace la question pendante à ce moment-là, ainsi que toutes les questions subsidiaires et accessoires, et doit être réglée en premier. Une fois réglée, la question interrompue par elle doit être reprise, au point où elle a été suspendue.

ORDRES DU JOUR.

142 . Lorsque l'étude d'un sujet a été assignée pour un jour particulier, par un ordre de l'assemblée, la question ainsi assignée est appelée l'ordre du jour de ce jour. Si, dans le cours des affaires, comme cela arrive ordinairement dans les assemblées législatives, plusieurs sujets sont assignés pour le même jour, on les appelle à l'ordre du jour.

143 . Une question, qui fait ainsi l'objet d'un ordre pour son examen un jour déterminé, devient par là une question privilégiée pour ce jour-là ; l'ordonnance étant une , de la règle générale relative aux affaires. Par conséquent, si une autre proposition (à l'exception des deux précédentes 20) est proposée ou est soulevée, le jour fixé pour l'étude d'un sujet particulier, une motion portant ordre du jour remplacera la première question. faite, ainsi

que toutes les questions subsidiaires et accessoires qui s'y rapportent, et doit être d'abord posée et tranchée ; car si le débat ou l'examen de ce sujet était autorisé à se poursuivre, il pourrait se poursuivre toute la journée et ainsi faire échouer l'ordre.

144 . Mais cette motion, pour lui donner la préséance, doit être pour les ordres en général, s'il y en a plus d'un, et non pour un seul en particulier ; et s'il est décidé par l'affirmative, c'est-à-dire que l'assemblée passera maintenant à l'ordre du jour, il faudra alors le lire et le parcourir dans l'ordre dans lequel il se trouve ; priorité d'ordre étant considérée comme priorité de droit.

145 . Si l'examen d'un sujet est assigné à une heure particulière le jour nommé, une motion pour y procéder n'est pas une motion privilégiée, jusqu'à ce que cette heure soit arrivée ; mais, si aucune heure n'est fixée, l'ordre est pour toute la journée et chaque partie de celle-ci.

146 . Lorsqu'il y a plusieurs ordres du jour, et que l'un d'eux est fixé pour une heure déterminée, si les ordres sont pris avant cette heure, ils doivent être traités tels quels, jusqu'à cette heure, et ensuite le sujet assigné pour cette heure est la suivante ; mais, si les commandes sont prises à ce moment-là ou après, ce sujet particulier doit être considéré comme le premier en ordre.

147 . Si la motion relative à l'ordre du jour est décidée par l'affirmative, la question originale est retirée de devant l'assemblée, de la même manière que si elle avait été interrompue par un ajournement, et ne reste pas devant l'assemblée, comme une question. bien sûr, lors de sa prochaine réunion, mais doit être renouvelé de la manière habituelle.

148 . Si la motion est décidée par la négative, le vote de l'assemblée est une décharge des ordres, dans la mesure où ils gênent l'examen du sujet dont elle est alors saisie, et donne droit à ce sujet d'être réglé en premier.

149 . Les ordres du jour, à moins qu'ils ne soient traités et réglés le jour assigné, tombent, bien entendu, et doivent être renouvelés pour un autre jour. Il peut cependant être prévu par une règle spéciale, comme dans les assemblées législatives du Massachusetts, que les ordres pour un jour particulier resteront valables pour chaque jour suivant, jusqu'à ce qu'ils soient réglés.

SECTE. II. QUESTIONS FORTUITES.

150 . Les questions incidentes sont celles qui découlent d'autres questions et doivent par conséquent être tranchées avant les questions qui les suscitent. De cette nature sont *d'abord* les questions d'ordre ; *deuxièmement* , les motions pour la lecture des documents, etc. ; *troisièmement* , autoriser le retrait d'une motion ; *quatrièmement* , suspension d'une règle ; et, *cinquièmement* , modification d'un amendement.

151 . Il est du devoir du président d'une assemblée délibérante de faire respecter les règles et ordonnances du corps qu'il préside, dans tous ses délibérations ; et cela sans question, débat ou délai, dans tous les cas où la violation de l'ordre ou la dérogation à la règle est manifeste. C'est aussi le droit de , constatant la violation d'une règle, d'insister pour qu'elle soit appliquée de la même manière

152 . Mais, bien qu'aucune question ne puisse être posée quant à l'application des règles, en cas de violation ou d'écart manifeste par rapport à celles-ci, tant que l'un des membres insiste sur leur application ; pourtant, des questions peuvent se poser, et se posent fréquemment, quant au fait qu'il y ait eu un manquement à l'ordre ou une violation des règles dans une procédure particulière ; et ces questions doivent être tranchées avant qu'une affaire puisse se poser en faveur de l'application des règles. Les questions de ce genre sont appelées questions d'ordre.

153 . Lorsqu'une question de cette nature se pose, au cours de toute autre procédure, elle remplace nécessairement l'examen ultérieur du sujet dont elle découle, jusqu'à ce que cette question soit réglée ; alors la motion ou la procédure originale reprend vie et reprend sa première position, à moins qu'elle n'ait été elle-même réglée par la question d'ordre.

154 . Lorsqu'une question d'ordre est soulevée, comme elle peut l'être par n'importe quel membre, elle n'est pas formulée depuis la présidence et décidée par l'assemblée, comme les autres questions ; mais elle est décidée, en premier lieu, par le président de séance, sans aucun débat ni discussion préalable par l'assemblée. Si la décision du président n'est pas satisfaisante, n'importe quel membre peut s'y opposer et faire trancher la question par l'assemblée. C'est ce qu'on appelle *faire appel* de la décision du président. La question est alors posée par le président de l'appel, à savoir : *la décision du président doit-elle valoir décision de l'assemblée ?* et elle est alors débattue et décidée par l'assemblée, de la même manière que toute autre question ; sauf que le président de séance est autorisé à prendre part au débat, ce qui ; dans les occasions ordinaires, il lui est interdit de le faire.

LECTURE D'ARTICLES.

155 . C'est, pour des raisons évidentes, une règle générale, que, lorsque des documents sont déposés devant une assemblée délibérante, pour son action, chaque membre a le droit de les faire lire une fois à la table, avant de pouvoir être contraint de voter dessus ; et, par conséquent, lorsque la lecture d'un document relatif à une question soumise à l'assemblée est exigée en vertu de cette règle, aucune question n'a besoin d'être faite quant à la lecture ; le

document est systématiquement lu par le greffier, sous la direction du président de séance.

156 . Mais, à l'exception des papiers soumis à cette règle, aucun membre n'a le droit de lire lui-même ou de faire lire un papier, un livre ou un document quelconque, sans la permission de l'assemblée, sur une motion faite et une question posée à cet effet. Le retard et l'interruption qui résulteraient autrement de la lecture de tous les documents qui pourraient être demandés montrent la nécessité absolue de restreindre la règle dans les limites les plus étroites possibles, tout en permettant à chaque membre d'avoir autant d'informations que possible sur les sujets abordés. référence à laquelle il s'apprête à voter.

157 . Lorsque, par conséquent, un membre désire que tout papier, livre ou document déposé sur la table, qu'il soit imprimé ou écrit (sauf dans les cas mentionnés ci-dessus), soit lu pour sa propre information ou celle de l'assemblée ; ou souhaite lire un tel article, livre ou document, à sa place, au cours d'un débat ou autrement ; ou encore de lire son propre discours qu'il a préparé d'avance et par écrit ; dans tous ces cas, si quelque objection est faite, il doit obtenir la permission de l'assemblée, pour la lecture, par une motion et voter à cet effet.

158 . Lorsque la lecture d'un document a évidemment pour but d'informer et non de retarder, il est d'usage que le président de séance l'autorise, à moins qu'une objection soit formulée, auquel cas l'autorisation doit être demandée ; et cela est rarement refusé, là où il n'y a pas d'abus intentionnel ou grossier du temps et de la patience de l'assemblée.

159 . Il n'est plus d'usage aujourd'hui, comme c'était le cas autrefois, dans les assemblées législatives, de lire tous les documents présentés, surtout lorsqu'ils sont renvoyés aux comités immédiatement après leur présentation ; bien que le droit de chaque membre d'insister sur une lecture soit toujours admis. Il serait impossible, compte tenu de la quantité de travail accomplie par les corps législatifs, de consacrer une grande partie de leur temps à la lecture des documents.

160 . Lorsqu'au cours d'un débat ou d'une autre procédure, la lecture d'un document est demandée et qu'une question est posée à son sujet, cette question est accessoire à la première et doit d'abord être tranchée.

RETRAIT D'UNE MOTION.

161 . Une motion, lorsqu'elle est régulièrement présentée, appuyée et proposée par le président, est alors en possession de l'assemblée et ne peut être retirée par le proposeur, ni directement éliminée de quelque manière que ce soit, mais par un vote ; par conséquent, si le proposant d'une question désire la modifier, ou en substituer une autre à la place, il doit obtenir la

permission de l'assemblée à cette fin ; cette autorisation ne peut être obtenue, en cas d'objection, que par une motion 21 et une question selon le mode de procédure habituel.

162 . Si cette motion est décidée par l'affirmative, la motion à laquelle elle se rapporte est par là retirée de devant l'assemblée, comme si elle n'avait jamais été proposée ; si la réponse est négative, les affaires se déroulent comme avant.

SUSPENSION D'UNE RÈGLE.

163 . Lorsqu'une motion ou une procédure envisagée est rendue impraticable, en raison de l'existence d'une règle spéciale par laquelle elle est interdite, il est devenu une pratique établie dans ce pays de suspendre ou de renoncer à la règle, dans le but d'admettre la procédure ou la motion souhaitée. Cela ne peut se faire que par une motion et une question ; et, lorsque cette démarche est suivie pour une motion ayant trait à une proposition alors à l'étude, une motion visant à suspendre la règle remplace pour le moment la question originale et doit d'abord être tranchée. 22

164 . Il est d'usage, dans le code des règles adoptées par les assemblées délibérantes, et surtout par les corps législatifs, de prévoir qu'un certain nombre dépassant la majorité, comme les deux tiers ou les trois quarts, sera compétent pour suspendre une règle dans un cas particulier ; lorsque cela n'est pas prévu, il ne semble pas y avoir d'autre moyen de suspendre ou de supprimer une règle que par consentement général.

MODIFICATION DES AMENDEMENTS.

165 . En traitant des amendements, on a déjà vu qu'il est permis d'amender un amendement proposé ; et que la question sur tel sous-amendement doit nécessairement être mise aux voix et décidée avant de mettre aux voix la amendement. Le premier est accessoire au second et le remplace pour le moment.

SECTE. III. QUESTIONS SUBSIDIAIRES.

166 . Les questions ou motions subsidiaires ou secondaires, comme nous l'avons déjà dit, sont celles qui se rapportent à une motion principale et sont utilisées pour permettre à l'assemblée d'en disposer de la manière la plus appropriée. Ces motions ont pour effet de remplacer et, dans certains cas, lorsqu'elles sont décidées dans un sens, de trancher la question principale. Ils sont également à des degrés différents entre eux et, selon leurs différentes natures, se remplacent et quelquefois se éliminent les uns les autres.

167 . Les motions subsidiaires d'usage courant sont les suivantes, à savoir : — déposer sur la table, — la question préalable, — l'ajournement, soit indéfini, soit à un jour certain, — l'engagement, — et l'amendement.

168 . C'est une règle générale, avec certaines exceptions qui seront immédiatement mentionnées, que les motions subsidiaires ne peuvent s'appliquer les unes aux autres ; comme par exemple, supposons une motion pour ajourner, engager ou une question principale, on ne peut pas proposer de supprimer la motion , etc., en y mettant une question préalable ; ou, supposons que la question précédente soit proposée, ou un engagement, ou un amendement, d'une question principale, elle ne peut pas être proposée pour reporter la question précédente, ou la motion d'engagement ou d'amendement. Les raisons de cette règle sont : 1. Il serait absurde de séparer l'appendice de son principal ; 2. Ce serait un empilement de questions les unes sur les autres, ce qui, pour éviter l'embarras, n'est pas permis ; et 3. Le même résultat peut être atteint plus simplement en votant contre la motion dont on tente de disposer par une autre motion secondaire.

169 . Les exceptions à la règle énoncée ci-dessus sont que les motions visant à reporter (soit à un jour certain, soit indéfiniment), à engager ou à modifier une question principale, peuvent être amendées, pour la raison que le caractère utile de l'amendement lui confère. un privilège de s'attacher à une motion secondaire et privilégiée ; c'est-à-dire qu'une motion subsidiaire visant à exécuter et à améliorer une autre peut être appliquée à cette autre, mais une motion subsidiaire visant à en disposer ou à en supprimer une autre n'est pas recevable. Par conséquent, les motions subsidiaires mentionnées ci-dessus peuvent être modifiées.

170 . Une question précédente ne peut toutefois pas être modifiée ; sa nature n'admet aucun changement. L'usage parlementaire a fixé sa forme : faut-il maintenant poser la question principale ? c'est à cet instant ; et, comme l'instant présent n'en est qu'un, il ne peut admettre aucune modification ; et le changer au lendemain ou à tout autre moment est sans exemple ni utilité. Pour les mêmes raisons aussi que la forme est fixée par l'usage parlementaire et est déjà aussi simple qu'elle peut l'être, une motion de mise sur la table ne peut être amendée.

ALLONGEZ-VOUS SUR LA TABLE.

171 . On a habituellement recours à cette motion lorsque l'assemblée a devant elle quelque chose d'autre qui réclame son attention présente, et désire par conséquent laisser de côté une proposition pour un temps court mais indéfini, se réservant le pouvoir de la reprendre quand cela lui convient. Cette motion a priorité et remplace toutes les autres motions subsidiaires.

172 . Si elle est décidée par l'affirmative, la motion principale, ainsi que toutes les autres motions subsidiaires et accessoires qui s'y rattachent, sont retirées devant l'assemblée ce qu'elles soient ce qui peut être fait, par motion et vote, à tout moment, quand l'assemblée le veut.

173 . En cas de décision négative, les affaires se déroulent de la même manière que si la requête n'avait jamais été présentée.

QUESTION PRÉCÉDENTE.

174 . Ce mouvement a déjà été décrit (63), et sa nature et son effet ont été pleinement exposés. Elle est au même titre que toutes les autres motions subsidiaires, à l'exception de la motion visant à déposer sur la table ; et, par conséquent, si elle est proposée en premier, elle ne peut pas être remplacée par une motion de report, d'engagement ou de modification.

175 . Si la question précédente est proposée avant les autres mentionnées ci-dessus, et mise aux voix, cela a pour effet d'empêcher que ces motions soient faites du tout ; car, s'il était décidé affirmativement, à savoir que la question principale doit maintenant être posée, il serait bien sûr contraire à la décision de l'assemblée, et donc à l'ordre, de reporter, de commettre ou de modifier ; et s'il est décidé négativement, à savoir que la question principale ne doit pas être mise aux voix maintenant, cela retire la question principale de l'assemblée pour la journée, de sorte qu'il n'y a alors rien à reporter devant elle. commettre ou modifier. 23

REPORT.

176 . La motion d'ajournement est soit indéfinie, soit à un jour certain ; et, sous ces deux formes, peut-être modifié ; dans le premier, en fixant un jour certain, dans le second, en substituant un jour à un autre. Mais, dans ce dernier cas, les propositions visant à substituer des jours différents à celui initialement nommé ressemblent plus à des propositions visant à combler des blancs qu'à des amendements, et doivent être considérées et traitées en conséquence.

177 . Si donc une motion est présentée pour un ajournement indéfini, il peut être proposé de modifier la motion en la fixant à une date certaine. Si un autre jour est souhaité, il peut être proposé sous forme d'amendement à l'amendement ; ou il peut être présenté comme une motion indépendante, lorsque l'amendement a été rejeté.

178 . Si une motion est présentée pour un report à un jour déterminé, elle peut être modifiée par la substitution d'un jour différent ; mais dans ce cas, une manière de procéder plus simple et plus efficace est de considérer le jour comme un blanc, à remplir de la manière habituelle, en commençant par le temps le plus long.

179 . Cette motion est au même titre que les motions pour la question précédente, celle de commettre et celle d'amender ; et, s'il a été créé pour la première fois, il n'est pas susceptible d'être remplacé par eux.

180 . Si une motion d'ajournement est décidée affirmativement, la proposition à laquelle elle s'applique est retirée de devant l'assemblée, avec tous ses appendices et incidents, et par conséquent il n'y a de motif pour aucune des autres motions subsidiaires ; s'il est décidé négativement que la proposition ne sera pas ajournée, cette question pourra alors être supprimée par la question précédente, ou commise, ou amendée.

ENGAGEMENT.

181 . Une motion d'engagement, ou de réengagement (terme utilisé lorsque la proposition a déjà été engagée une fois), peut être amendée, en substituant un type de comité à un autre, ou en élargissant ou en diminuant le nombre de les membres du comité, tel que proposé initialement, ou par instructions au comité.

182 . Cette motion est au même titre que la question précédente et l'ajournement — et, si elle est présentée en premier, elle n'est pas remplacée par ceux-ci — mais elle a préséance sur une motion d'amendement.

183 . Si la décision est affirmative, la proposition est retirée devant l'assemblée ; et, par conséquent, il n'y a aucune raison de poser la question précédente, ni de l'ajourner, ni de l'amender ; si par la négative, à savoir que la question principale ne sera pas engagée, cette question pourra alors être supprimée par la question précédente, ou ajournée, ou amendée.

AMENDEMENT.

184 . Une motion d'amendement, comme on l'a vu, peut être elle-même amendée. Elle n'est au même degré qu'avec la question précédente et son ajournement indéfini, et aucune des deux, si elle est proposée en premier, n'est remplacée par l'autre.

185 . Mais cette motion est susceptible d'être remplacée par une motion de report à ; afin que l'amendement et l'ajournement soient en concurrence, ce dernier doit être proposé en premier. La raison en est qu'une question d'amendement n'est pas supprimée par l'ajournement ou l'ajournement de la question principale, mais reste devant l'assemblée, chaque fois que la question principale est reprise ; car autrement, il pourrait arriver que l'occasion d'autres affaires urgentes passe et soit perdue par la longueur du débat sur l'amendement, si l'assemblée n'avait pas le pouvoir d'ajourner l'ensemble du sujet.

186 . Une motion d'amendement peut également être remplacée par une motion d'engagement ; de sorte que ce dernier, bien que déplacé ultérieurement, doit être mis en premier ; parce que, « en vérité, cela facilite et favorise la motion d'amendement ».

187 . L'effet d'une décision négative ou positive des amendements a déjà été examiné (94 à 127).

---

18 On dit communément qu'une motion d'ajournement est toujours recevable, mais ce n'est pas exactement vrai. La question de l'ajournement peut être proposée à plusieurs reprises le même jour ; cependant, en stricte rigueur, non sans qu'une question intermédiaire soit proposée, après qu'une motion d'ajournement ait été réglée et avant que la motion d'ajournement suivante ne soit présentée ; comme, par exemple, un amendement à une question en suspens, ou pour la lecture d'un document. La raison en est que, jusqu'à ce qu'une autre procédure soit intervenue, la question déjà tranchée est la même que celle nouvellement posée. *Retour au texte*

19 Il est assez courant, lorsque les affaires d'une assemblée délibérante sont terminées, d'ajourner l'assemblée sans jour. Une meilleure façon est de le dissoudre ; car un ajournement sans jour, si l'on considère l'étymologie du mot ajourner, est une contradiction dans les termes. *Retour au texte*

20 « Une motion d'ajournement et une question de privilège ont préséance sur une motion relative à l'ordre du jour. » — ÉD. *Retour au texte*

21 « Cette motion n'est pas discutable. » – ED. *Retour au texte*

22 « Une motion visant à suspendre les règles n'est pas discutable. » – ED. *Retour au texte*

23 À la Chambre des représentants du Massachusetts, comme l'effet d'une décision négative sur la question précédente n'est pas de retirer la question principale de la Chambre, cette question est toujours susceptible d'ajournement, d'engagement ou d'amendement, nonobstant une telle décision négative. *Retour au texte*

CHAPITRE XI.
DE L'ORDRE DE PROCÉDURE.

188 . Quand plusieurs sujets sont devant l'assemblée ; c'est-à-dire que sur la table d'examen (car il ne peut y avoir qu'un seul sujet *à* l'étude en même temps), et qu'aucune priorité n'a été donnée à l'un par rapport à l'autre, le président de séance n'est précisément lié à aucun ordre, quant à quelles questions doivent être abordées en premier ; mais il est laissé à sa discrétion, à moins que l'assemblée, sur une question, ne décide d'aborder un sujet particulier.

189 . Toutefois, un ordre du jour établi, lorsque les débats d'une assemblée sont susceptibles de durer un temps considérable et que les questions dont elle est saisie sont assez nombreuses, est utile, sinon nécessaire, pour le gouvernement du président et pour empêcher les membres individuels de invoquant les mesures préférées ou les affaires relevant de leur charge spéciale, hors de leur juste temps. Il est également souhaitable, pour diriger le pouvoir discrétionnaire de l'assemblée, lorsqu'une pour aborder une question particulière au préjudice d'autres, qui ont droit à être examinées en premier, dans l'ordre général entreprise.

190 . L'ordre des travaux peut être établi en vertu de quelque règle générale, ou par des ordonnances spéciales relatives à chaque sujet particulier, et doit, bien entendu, dépendre nécessairement de la nature et du montant des questions soumises à l'assemblée.

191 . L'ordre naturel, lors de l'examen et de la modification d'un article composé de plusieurs propositions distinctes, est de commencer par le début et de le parcourir par paragraphes ; et cet ordre de procéder, s'il était strictement observé, comme il devrait toujours l'être dans de nombreuses assemblées, empêcherait tout amendement dans une première partie d'être recevable, après qu'une dernière partie ait été amendée ; mais cette règle ne semble pas si essentielle pour être observée dans des corps plus petits, dans lesquels il peut souvent être avantageux de permettre le passage d'une partie d'un document à une autre, en vue d'amendements.

192 . A cet ordre naturel du début au début, il existe une exception selon l'usage parlementaire, où une résolution ou une série de résolutions, ou tout autre document, a un préambule ou un titre, auquel cas, le préambule ou le titre est reporté, jusqu'à ce que le reste du papier soit épuisé.

193 . Lorsqu'on considère une proposition composée de plusieurs paragraphes, le cours est, pour que le document tout entier soit lu entièrement, en premier lieu par le greffier ; puis une seconde fois, par le président de séance, par paragraphes ; faire une pause à la fin de chacun et

poser des questions pour amendement, si des amendements sont proposés ; et, lorsque l'ensemble du document a été examiné de cette manière, le président de séance pose la question finale sur l'approbation ou l'adoption de l'ensemble du document, tel qu'amendé ou non.

194 . Lorsqu'un document qui a été renvoyé à un comité et rapporté à l'assemblée est examiné, seuls les amendements sont d'abord lus, bien entendu, par le greffier. Le président de séance lit ensuite le premier et le met aux voix, et ainsi de suite jusqu'à ce que le tout soit adopté ou rejeté, avant qu'aucun autre amendement ne soit admis, à l'exception d'un amendement à un amendement. Lorsque les amendements rapportés par la commission ont été ainsi et donne le temps aux amendements d'être proposés en assemblée au corps du papier (ce qu'il fait également, si le papier a été rapporté sans amendements, ne posant de questions que sur les amendements proposés) ; et une fois l'ensemble terminé, il pose la question de l'approbation ou de l'adoption du document, comme de la résolution, de l'ordre, etc., de l'assemblée.

195 . La question finale est parfois posée simplement sur l'acceptation du rapport, mais une meilleure forme consiste à se mettre d'accord avec le comité dans la résolution, l'ordre ou toute autre conclusion du rapport, telle que modifiée ou sans amendement, et le la résolution ou l'ordre doit alors être inscrit au journal comme la résolution, etc., de l'assemblée, et non comme le rapport du comité accepté.

196 . Lorsque le document renvoyé à une commission est rapporté, tel qu'amendé, dans un nouveau projet (ce qui peut être et est souvent fait, lorsque les amendements sont nombreux et relativement sans importance), le nouveau projet doit être considéré comme un amendement, et doit d'abord être amendé, si nécessaire, puis mis aux voix comme amendement rapporté par la commission ; ou bien, la solution peut être d'abord article original, puis de le traiter comme tel.

197 . Il arrive souvent qu'outre une question principale, il y en a plusieurs autres qui s'y rattachent, et qui sont en même temps pendantes, qui doivent être prises dans leur ordre ; comme, par exemple, supposons *d'abord* un mouvement principal ; *deuxièmement* , une motion d'amendement ; *troisièmement* , une motion d'engagement ; *quatrièmement* , les motions précédentes étant en instance, une question d'ordre s'élève dans le débat, qui donne lieu, *cinquièmement* , à une question de privilège, et cela amène, *sixièmement* , à une motion subsidiaire, comme celle de déposer sur la table. Selon le déroulement normal des procédures, la motion à déposer doit être mise aux voix en premier; si cette proposition est rejetée, la question de privilège est alors réglée ; vient ensuite la question de l'ordre ; puis la question de l'engagement ; si celle-ci est négative, la question d'amendement est prise

; et enfin la question principale. Cet exemple illustrera suffisamment la manière dont les questions peuvent naître les unes des autres et dans quel ordre elles doivent être résolues. 24

198 . Lorsqu'une motion est présentée et appuyée, il est du devoir du président de séance de la proposer à l'assemblée ; jusqu'à ce que cela soit fait, il n'est pas question devant l'assemblée de donner suite ou de considérer de quelque manière que ce soit ; et par conséquent, il n'est alors pas permis à un membre de se lever soit pour en débattre, soit pour présenter une motion quelconque à ce sujet.

199 . C'est donc une procédure des plus antiparlementaires et des plus abusives que de permettre qu'une motion principale et une motion subsidiaire s'y rapportant soient proposées et énoncées ensemble, et mises aux voix dans leur ordre ; comme on le fait lorsqu'un député propose une question principale, une résolution par exemple, et, en même temps, la question précédente, ou que la résolution soit sur la table. Dans un tel cas, le président de séance ne tiendra aucun compte de la motion subsidiaire, mais proposera lui-même la motion principale, de la manière habituelle, avant d'en permettre qu'une autre soit faite. Les autres membres ne seraient donc pas privés de leurs droits de débat, etc., concernant le sujet proposé.

200 . Lorsqu'un député a obtenu la parole, il ne peut être empêché de s'adresser à l'assemblée sur la question dont elle est saisie ; et, , ou par toute autre motion privilégiée du même genre ; étant une règle générale, qu'un député en possession de la parole, ou procédant à son discours, ne peut être retiré ou interrompu que par un rappel à l'ordre ; et la question d'ordre étant tranchée, il reste à l'entendre. Une demande d'ajournement, ou d'ordre du jour, ou de question, par des messieurs assis à leur place, n'est pas une motion ; car aucune motion ne peut être présentée sans se lever et s'adresser au président et sans être appelé par le président de séance. De tels appels à la question sont eux-mêmes des manquements à l'ordre, qui, bien que le député qui s'est levé puisse les respecter, comme expression de l'impatience de l'assemblée à l'idée d'un débat ultérieur, ne l'empêchent pas de continuer s'il lui plaît.

---

24 L'ordre des motions, pour la disposition de toute question, est ordinairement fixé par une règle spéciale, dans les assemblées législatives. Voir note relative au paragraphe 61 . *Retour au texte*

CHAPITRE XII.
D'ORDRE EN DÉBAT.

201 . Le débat dans une assemblée délibérante doit être distingué du débat médico-légal ou de celui qui a lieu devant un tribunal judiciaire ; le premier étant, en théorie du moins, davantage l'expression d'opinions individuelles entre les membres d'un même corps ; celle-ci est plutôt une lutte pour la victoire, entre les adversaires, devant un corps distinct et indépendant ; le premier n'admet pas de réponses ; ce dernier considérant la réponse comme un droit de l'une des parties. 25

202 . C'est une règle générale, dans toutes les assemblées délibérantes, que le président de séance ne participe pas au débat, ni aux autres délibérations, à un autre titre qu'en qualité de tel président. Il n'est donc autorisé qu'à énoncer les faits dont il a connaissance ; informer l'assemblée des motions d'ordre ou du déroulement des travaux, lorsqu'il est appelé à cette fin, ou lorsqu'il le juge nécessaire; et en cas d'appel de sa décision sur les questions d'ordre, de s'adresser à l'assemblée en débat.

SECTE. I. QUANT À LA MANIÈRE DE PARLER.

203 . Lorsqu'un membre désire s'adresser à l'assemblée, sur n'importe quel sujet dont elle est saisie (ainsi que présenter une motion), il doit se lever et se lever à sa place, découvert, et ne s'adresser ni à l'assemblée, ni à aucun membre en particulier. , mais au président qui, en l'entendant, l'appelle par son nom, afin que l'assemblée remarque qui parle et accorde son attention en conséquence. Si une question se pose quant à savoir qui aura droit à la parole, lorsque plusieurs membres se lèvent au même moment ou presque, il est décidé de la manière déjà décrite (47), quant à l'obtention de la parole pour présenter une motion.

204 . Il est d'usage, en effet, que le président de séance, après qu'une motion a été faite, et proposée, donne la parole au motionnaire,] préférence aux autres, s'il se lève pour parlerou, à la reprise d'un débat, après un ajournement, de donner la parole, s'il le désire, au proposeur de l'ajournement, de préférence aux autres membres ; ou, lorsque deux ou plusieurs membres réclament la parole, de préférer celui qui s'oppose à la mesure en question ; mais, dans tous ces cas, la décision du président peut être annulée par l'assemblée.

205 . On pense parfois que lorsqu'un membre, au cours d'un débat, interrompt son discours et cède la parole à un autre dans un but particulier, il y a droit à nouveau, de plein droit, lorsque ce but est atteint. ; mais, bien que cela soit généralement admis, quand un membre cède la parole pour un but, il le fait pour tous ; et il n'est pas possible pour le président de séance de

prendre connaissance et de faire respecter des accords de cette nature entre les membres.

206 . Personne, en parlant, ne doit mentionner un membre alors présent par son nom ; mais de le décrire par son siège dans l'assemblée, ou comme le membre qui a parlé le dernier, ou l'avant-dernier, ou de l'autre côté de la question, ou par quelque autre expression équivalente. Le but de cette règle est de se prémunir autant que possible contre l'excitation de tout sentiment personnel, soit de faveur, soit d'hostilité, en séparant, pour ainsi dire, le fonctionnaire du caractère personnel de chaque membre, et en tenant compte du premier. seulement dans le débat.

207 . Si le président de séance se lève pour parler, tout autre membre, qui se serait levé dans le même but, devra s'asseoir, afin que le premier puisse être entendu le premier ; mais cette règle n'autorise pas le président à interrompre un membre pendant qu'il parle, ni à interrompre celui à qui il a donné la parole ; il doit attendre, comme les autres membres, que celui-ci ait fini de parler.

208 . Un député, pendant qu'il parle, doit rester debout à sa place, découvert ; et, quand il aura fini son discours, il devra reprendre sa place ; mais s'il est incapable de se tenir debout sans douleur ni inconvénient, en raison de son âge, d'une maladie ou d'une autre infirmité, il peut être autorisé à parler assis.

SEC. II. QUANT À LA QUESTION DE PARLER.

209 . Toute question, qui peut être faite dans une assemblée délibérante, est susceptible d'être débattue, 27 selon sa nature ; c'est-à-dire que chaque membre a le droit d'exprimer son opinion à ce sujet. C'est donc une règle générale, et la principale en cette matière, que, dans le débat, ceux qui parlent doivent se borner à la question, et ne pas parler avec impertinence ou en dehors du sujet. Tant qu'un membre a la parole et respecte la règle, il peut parler aussi longtemps qu'il le souhaite ; cependant, si un orateur inintéressant abuse trop du temps et de la patience de l'assemblée, les membres manquent rarement de manifester leur mécontentement d'une manière ou d'une autre, ce qui l'incite à mettre un terme à ses remarques.

210 . C'est également une règle que nul, en parlant, ne doit utiliser un langage indécent contre les délibérations de l'assemblée, ou réfléchir à l'une de ses déterminations antérieures, à moins qu'il n'ait l'intention de conclure ses remarques par une motion pour annuler cette décision ; mais tant qu'une proposition à l'étude est encore en suspens et n'est pas adoptée, même si elle a pu être rapportée par un comité, les réflexions sur elle ne sont pas des réflexions sur l'assemblée. La règle s'applique également aux délibérations des commissions ; qui sont, en effet, les actes de l'assemblée.

211 . Une autre règle en matière de parole est qu'aucun membre n'est libre de s'éloigner du sujet de la question, de s'en prendre à la personne d'un autre et de lui dire des paroles injurieuses, mordantes ou inconvenantes. La nature ou les conséquences d'une mesure peuvent être réprouvées en termes sévères ; mais mettre en cause les motivations de ceux qui le préconisent est une personnalité et est contraire à l'ordre.

212 . Il est très souvent extrêmement difficile et délicat de décider si les remarques d'un député sont pertinentes ou pertinentes par rapport à la question ; mais il sera, en général, prudent pour le président de les considérer comme tels, à moins qu'ils ne réfléchissent très clairement, d'une manière inappropriée, soit sur la personne ou les motivations d'un membre, soit sur les délibérations . ; ou le député qui parle s'écarte de la question ou se trompe manifestement.

213 . Il arrive souvent, lors de l'examen d'un sujet, que, tandis que la question générale reste la même, la question particulière soumise à l'assemblée change constamment ; ainsi, tandis que, par exemple, la question générale porte sur l'adoption d'une série de résolutions, la question particulière peut, à un moment donné, porter sur un amendement ; à un autre sur report ; et encore une fois sur la question précédente. Dans tous ces cas, la question particulière supplante, pour le moment, la question principale ; et ceux qui en parlent doivent limiter leurs remarques en conséquence. L'exécution de l'ordre requiert à cet égard la plus grande attention de la part du président de l'audience.

214 . Lorsqu'un membre est interrompu par le président de séance, ou rappelé à l'ordre par un membre, 28 pour manque de pertinence ou pour s'écarter de la question, une question peut être posée quant à savoir s'il doit être autorisé à poursuivre son mandat. remarques, dans la manière dont il parlait lorsqu'il a été interrompu ; mais, si aucune question n'est posée, ou si une question est posée et décidée par la négative, il doit quand même être autorisé à procéder dans l'ordre, c'est-à-dire en abandonnant la ligne de remarques répréhensibles.

SECTE. III. QUANT AUX TEMPS DE PAROLE.

215 . La règle générale, dans toutes les assemblées délibérantes, à moins qu'il n'en soit spécialement prévu autrement, est qu'aucun membre ne doit prendre la parole plus d'une fois sur la même question ; 29 bien que le débat sur cette question puisse être ajourné et poursuivi pendant plusieurs jours ; et, bien qu'un membre qui désire parler une seconde fois ait, au cours du débat, changé d'opinion.

216 . Cette règle renvoie à la même question, techniquement considérée ; car, si une résolution est proposée et débattue, puis renvoyée à un comité, ceux

qui parlent sur l'introduction de la motion peuvent parler à nouveau sur la question présentée par le rapport du comité, bien qu'il s'agisse essentiellement de la même question avec l'ancien. ; et ainsi les membres qui ont pris la parole sur la question principale ou principale peuvent reprendre la parole sur toutes les questions subsidiaires ou incidentes soulevées au cours du débat.

217 . La règle de ne parler qu'une seule fois sur une question, si elle est strictement appliquée, empêchera un membre de parler une seconde fois sans le consentement général de l'assemblée, tant qu'il y aura un autre membre qui désirera lui-même parler ; mais, lorsque tous ceux qui désirent parler ont parlé, un membre peut parler une seconde fois avec la permission de l'assemblée.

218 . Un député peut également être autorisé à prendre la parole une seconde fois, dans le même débat, afin de clarifier un fait ; ou simplement pour s'expliquer dans une partie matérielle de son discours ; ou aux ordres de l'assemblée, s'ils sont transgressés (bien qu'aucune question ne puisse être posée), mais en restant soigneusement dans cette ligne et en ne tombant pas dans le sujet lui-même.

219 . On suppose parfois que, parce qu'un membre a le droit de s'expliquer, il a donc le droit d'interrompre un autre membre pendant qu'il parle, afin de donner l'explication : mais c'est une erreur ; il devrait attendre que le député ait fini de parler; et si un membre, sollicité, cède la parole pour une explication, il y renonce complètement.

SECTE. IV. QUANT À ARRÊTER LE DÉBAT.

220 . Le seul moyen utilisé, dans ce pays, jusqu'à récemment, pour mettre fin à un débat inutile ou ennuyeux, était de déplacer la question précédente ; l'effet de cette motion, comme nous l'avons déjà expliqué, si elle est décidée par l'affirmative, est d'exiger que la question principale soit immédiatement tranchée. Par conséquent, lorsque cette question est déplacée, cela suspend nécessairement tout autre examen de la question principale et exclut tout débat ultérieur ou amendement de celle-ci ; bien que, comme nous l'avons vu, il en va de même pour l'ajournement, l'amendement et l'engagement ; et, sauf en vertu d'une règle spéciale, ne peut être proposé pendant que l'une ou l'autre de ces motions est en instance.

221 . L'autre moyen de mettre fin au débat, qui a été récemment introduit en usage, consiste pour l'assemblée à adopter d'avance un ordre spécial concernant un sujet particulier, selon lequel, à une époque déterminée, tout débat sur ce sujet cessera. et toutes les motions ou questions en suspens à son sujet seront tranchées.

222 . Une autre règle, qui a récemment été introduite dans le but de raccourcir plutôt que d'arrêter le débat, est qu'aucun membre ne sera autorisé à parler

plus d'un certain temps spécifié sur une question ; de sorte que, lorsque le temps imparti est expiré, le président de séance annonce le fait, et le député qui parle reprend sa place. 30

SEC. V. QUANT AU DÉCORUM DANS LE DÉBAT.

223 . Tout membre ayant le droit d'être entendu, tout autre membre est tenu de se conduire de telle manière que ce droit soit effectif. C'est donc une règle d'ordre, ainsi que de décence, qu'aucun membre ne doit déranger un autre dans son discours en sifflant, en toussant, en crachant ; en parlant ou en chuchotant ; en passant entre le président de séance et le député qui parle; en traversant la salle de réunion, ou en s'y promenant de long en large ; ou par tout autre comportement désordonné, qui tend à déranger ou à déconcerter un membre qui parle.

224 . Mais si un membre qui parle constate qu'il n'est pas considéré avec cette attention respectueuse qu'exige son droit égal, que l'assemblée n'est pas inclinée à l'entendre, et que, par la conversation ou par tout autre bruit, elle s'efforce de le faire entendre. étouffez sa voix, c'est son parti le plus prudent de se soumettre au plaisir de l'assemblée et de s'asseoir ; car il arrive rarement que les membres de l'assemblée se rendent coupables de ces mauvaises manières, sans aucune excuse ni provocation, ou qu'ils soient si celui qui dit quelque chose qui mérite d'être entendu.

225 . Il est du devoir du président de séance, dans un tel cas, de s'efforcer de ramener l'assemblée à l'ordre et au décorum ; mais, si ses rappels répétés à l'ordre et ses appels au bon sens et à la décence des membres se révèlent inefficaces, il devient alors de son devoir d'appeler par son nom tout membre qui persiste obstinément dans l'irrégularité ; sur quoi l'assemblée peut exiger que ce membre se retire ; qui doit alors être entendu, s'il le désire, en disculpation et se retirer ; puis le président de séance constate le délit commis, et l'assemblée décide du genre et du degré de la peine à infliger.

226 . Si, à la suite d'essais répétés, le président constate que l'assemblée ne le soutiendra pas dans l'exercice de son autorité, il sera alors justifié, mais pas avant, de permettre, sans censure, toute espèce de désordre.

SECTE. VI. QUANT AUX MOTS DÉSORDONNÉS.

227 . Si un député, en parlant, use d'un langage qui est personnellement offensant pour un autre, ou insultant pour l'assemblée, et que le député offensé, ou tout autre, juge à propos de s'en plaindre à l'assemblée, le cours du déroulement de la procédure est le suivant :

228 . Le député qui parle est immédiatement interrompu au cours de son discours par un ou plusieurs autres députés qui se lèvent et rappellent à l'ordre ; et, le membre qui s'oppose ou se plaint des paroles, est alors invité par le

président de séance à énoncer les paroles dont il se plaint, en les répétant exactement telles qu'il croit qu'elles ont été prononcées, afin qu'elles puissent être réduites à écrit par le greffier; ou le membre qui se plaint, sans y être invité, peut immédiatement énoncer les mots, soit verbalement, soit par écrit, et demander que le greffier puisse les noter à la table. Le président de séance peut alors ordonner au greffier de les retirer ; mais s'il considère que l'objection est insignifiante et estime qu'il n'y a aucune raison de la considérer comme désordonnée, il retardera prudemment de donner de telles instructions, afin de ne pas interrompre inutilement les débats ; cependant, si les membres semblent généralement favorables à la suppression des mots, par un appel à cet effet ou par un vote, que l'assemblée pourra sans aucun doute adopter, le président de séance devrait certainement ordonner au greffier de prendre les rédiger, dans la forme et de la manière dont ils sont exposés par le membre qui s'y oppose.

229 . Les mots objectés à être ainsi écrits, et faisant partie du procès-verbal dans le livre du greffier, doivent ensuite être lus au membre qui parlait, qui peut nier que ce sont là les mots qu'il a prononcés, auquel cas, l'assemblée doit décider par une question, si ce sont les mots ou non. 31 S'il ne nie pas avoir prononcé ces mots, ou lorsque l'assemblée a elle-même déterminé quels sont ces mots, alors le député peut soit les justifier, soit expliquer le sens dans lequel il les a utilisés, de manière à supprimer le objection selon laquelle ils sont désordonnés ; ou il peut présenter des excuses pour eux.

230 . Si la justification, ou l'explication, ou les excuses du membre, sont jugées suffisantes par l'assemblée, aucune autre procédure n'est nécessaire ; le député peut reprendre et continuer son discours, l'assemblée étant moins qu'une autre motion ne soit faite, être satisfaite ; mais si deux membres (l'un pour présenter la motion et l'autre pour appuyer la motion) jugent nécessaire de formuler une question, afin de comprendre le sens de l'assemblée sur les mots, et si le membre en les utilisant a été coupable de quelque faute que ce soit. offense envers l'assemblée, le député doit se retirer avant que cette question soit posée; et ensuite le sens de l'assemblée doit être pris en compte, et d'autres procédures doivent être prises en ce qui concerne la punition du membre, comme cela peut être jugé nécessaire et approprié.

231 . La procédure ci-dessus est la marche à suivre établie par les auteurs les plus influents 32 et doit invariablement être suivie ; il pourrait cependant être amélioré par le membre qui s'oppose à ce que les mots soient écrits d'un coup et propose ensuite qu'ils soient intégrés au procès-verbal ; par ce moyen, le président de séance serait relevé de la responsabilité de déterminer, en premier lieu, la nature des paroles.

232 . Si des propos offensants ne sont pas pris en compte au moment où ils sont prononcés, le député est autorisé à terminer son discours, puis toute

autre personne prend la parole, ou toute autre question d'affaires intervient, avant préavis est retiré des mots qui ont offensé, les mots ne doivent pas être écrits ou le membre qui les utilise est censuré. Cette règle est établie pour la sécurité commune de tous les membres ; et pour prévenir les erreurs qui doivent nécessairement se produire, si les mots reprochés ne sont pas immédiatement mis par écrit.

---

25 Une exception à cette règle est quelquefois faite en faveur de l'auteur d'une question, qui est autorisé, à la fin du débat, à répondre aux arguments opposés à sa motion ; mais c'est une question de faveur et d'indulgence, et non de droit. *Retour au texte*

26 Parfois, un député, au lieu de proposer sa motion, commence par prononcer son discours ; mais dans un tel cas, il est passible d'être rappelé à l'ordre, à moins qu'il ne déclare qu'il a l'intention de conclure par une motion et qu'il informe l'assemblée de la nature de cette motion, et alors il peut être autorisé à procéder. *Retour au texte*

27 Dans les corps législatifs, il est d'usage de prévoir que certaines questions, comme par exemple l'ajournement, la mise sur la table, la question précédente, ou, quant à l'ordre des affaires, seront décidées sans débat. *Retour au texte*

28 « Dans ce dernier cas, le député se lèvera et, s'adressant au président de séance, dira : « J'invoque le Règlement ». Lorsque le président lui demandera de le préciser, il précisera ce à quoi il s'oppose. Si le président décide que les remarques du député sont irrecevables et qu'aucun appel n'est interjeté contre la décision, il abandonnera la ligne de remarques condamnée et, si cela est permis, procédera dans l'ordre.

« Si un appel est interjeté, il sera décidé sans débat. » – ED. *Retour au texte*

29 Le proposeur et le secondeur, s'ils ne prennent pas la parole sur la question, au moment où la motion est faite et appuyée, ont le même droit que les autres membres de s'adresser à l'assemblée. *Retour au texte*

30 « À la Chambre des Communes d'Angleterre, depuis que le parti parlementaire irlandais s'est montré assez fort pour combattre l'opposition en s'opposant à tous les projets de loi dans le but d'assurer le « Home Rule » à l'Irlande, il n'y a eu que des troubles autour de chaque projet de loi proposé ; pour y mettre un terme, le

« Parti gouvernemental » a adopté une règle qui était appliquée chaque fois que l'obstruction ou le débat allait trop loin ; cela s'appelait « Cloture ». Elle est utilisée comme une loi du « bâillon », car lorsque la « Cloture » est déplacée, chaque chose ou mouvement est subordonné à la motion en faveur de laquelle la « Cloture » a été appliquée. » – ED.

—Voir également la remarque à la page 163 . *Retour au texte*

31 Les mots, tels qu'ils sont écrits, peuvent être amendés, de manière à se conformer à ce que l'assemblée pense être la vérité. *Retour au texte*

32 M. Hatsell, en Angleterre, et M. Jefferson, dans ce pays. *Retour au texte*

33 M. Jefferson (§ 17) précise que « les paroles désordonnées ne doivent pas être remarquées tant que le député n'a pas terminé son discours ». Mais en cela, il est contredit par Hatsell, ainsi que par la pratique générale des corps législatifs. *Retour au texte*

CHAPITRE XIII.
DE LA QUESTION.

233 . Lorsqu'une proposition est faite à une assemblée délibérante, cela s'appelle une *motion* ; lorsqu'elle est formulée ou proposée à l'assemblée, pour son acceptation ou son rejet, elle est appelée *question* ; et, une fois devient l' *ordre* , *la résolution* ou *le vote* de l'assemblée.

234 . Tous les procédés qui ont été examinés jusqu'ici n'ont eu pour objet que de mettre une proposition sous une forme susceptible d'être posée en question ; c'est-à-dire être adopté comme sens, volonté ou jugement de l'assemblée, ou être rejeté ; selon qu'une telle proposition peut s'unir en sa faveur, ou ne pas parvenir à unir la majorité des membres.

235 . Lorsqu'une proposition, qu'elle soit principale, subsidiaire ou accessoire, ou de quelque nature qu'elle soit, est faite, appuyée et formulée, si aucune modification n'est proposée, — ou si elle n'en admet aucune, ou si elle est amendée, — et le débat sur cette question, s'il y en a, semble terminé, le président demande alors si l'assemblée est prête pour la question ? et, si personne ne se lève, la question est alors posée et les votes de l'assemblée sont pris sur elle.

236 . La question n'est pas toujours posée à l'assemblée, sous la forme précise sous laquelle elle se pose ou est introduite ; ainsi, par exemple, lorsqu'un député présente une pétition, ou que le président d'un comité présente un rapport, la présentée, est la *suivante : la pétition ou le rapport seront-ils reçus ?* et ainsi, lorsque la question précédente est déplacée, elle est formulée sous cette forme : *La question principale doit-elle maintenant être posée ?* — la question étant posée, dans tous les cas, sous la forme sous laquelle elle paraîtra au journal, si elle est adoptée par l'affirmative.

237 . Dans les questions de peu d'importance, ou qui le sont généralement, comme la réception de pétitions et de rapports, le retrait de motions, la lecture de documents, etc., le président de séance suppose ou tient pour acquis le consentement de l'assemblée, lorsqu'aucune objection n'est exprimée. , et ne passe pas par la formalité de prendre la question par un vote. Mais si, après qu'un vote a été effectué de cette manière informelle et déclaré, un membre s'élève pour s'opposer, le président de séance devrait considérer tout ce qui s'est passé comme rien et, immédiatement, revenir en arrière et poursuivre le cours régulier de la procédure. Ainsi, si une pétition est reçue sans question et que le greffier procède à sa lecture, selon l'ordre habituel des affaires, si quelqu'un s'élève pour s'y opposer, il sera le plus sûr et le plus approprié pour le président de séance de exiger qu'une motion de réception soit régulièrement présentée et appuyée.

238 . La question étant posée par le président de séance, il la pose d'abord par l'affirmative, à savoir : *Tous ceux qui sont d'avis que* , répétant les mots de la question, *disent oui* ; et aussitôt tous les membres qui sont de cet avis répondent *oui* ; le président de séance pose alors la question négativement : *tous ceux qui sont d'un avis différent disent non* ; et, là-dessus, tous les membres qui sont de cet avis répondent *non* . L'officier qui préside juge à l'oreille quel côté a « le plus de voix » et décide en conséquence, que *les oui l'emportent* ou *que les non l'emportent* , selon le cas. Si le président de séance doute de la majorité des voix, il peut poser la question une seconde fois, et s'il n'est toujours pas en mesure de se décider, ou si, après avoir décidé selon son jugement, un membre se lève et déclare qu'il croit les *oui* ou les *non* (quels qu'ils soient) *l'emportent* , contrairement à la déclaration du président de séance, 34 alors le président de séance ordonne à l'assemblée de se diviser, afin que les membres d'un côté et l'autre peut être compté.

239 . Toutefois, si une nouvelle motion devait être présentée après la déclaration du président de séance, ou si un membre qui n'était pas dans la salle de réunion au moment où la question a été prise, devait entrer, il serait alors trop tard pour contredire la décision. président, et que l'assemblée soit divisée.

240 . Ce qui précède est la forme parlementaire pour répondre à une question, et est généralement utilisée dans ce pays ; mais, dans quelques-unes de nos assemblées législatives, et surtout dans celles des États de la Nouvelle-Angleterre, les suffrages sont donnés par les membres levant la main droite, d'abord ceux qui sont pour l'affirmative, puis ceux qui sont pour la négative de la question. Si le président de séance ne peut déterminer, à main levée, quel camp a la majorité, il peut appeler les membres à voter à nouveau, et s'il a encore des doutes, ou si sa déclaration est mise en doute, un vote a lieu. Lorsque la question est prise de cette manière, le président de séance ordonne aux membres, d'abord du côté affirmatif, puis du côté négatif, de manifester leur opinion en levant la main droite.

241 . Lorsqu'une division de l'assemblée a lieu, le président de séance ordonne parfois aux membres de se ranger de différents côtés de la salle de réunion, et soit les compte lui-même, soit ils sont comptés par des scrutateurs désignés par lui à cet effet, ou par des observateurs. nommé de façon permanente à cette fin et à d'autres fins ; ou bien les membres se lèvent sur leur siège, d'abord par l'affirmative, puis par la négative, et (debout découverts) sont comptés de la même manière. Lorsque les membres sont comptés par le président, celui-ci annonce le nombre et déclare le résultat. Lorsqu'ils sont comptés par les scrutateurs ou les observateurs, les scrutateurs doivent d'abord se mettre d'accord entre eux, puis celui qui a donné la majorité rapporte les chiffres au président qui, alors, déclare le résultat.

242 . Le meilleur moyen de diviser une assemblée, même si elle est nombreuse, est que le président de séance nomme des scrutateurs pour chaque division ou section de la salle d'assemblée, puis demande aux membres, d'abord ceux qui sont affirmatifs, puis ceux qui sont en faveur. le négatif, se lever, se découvrir et être compté ; ceci fait, de chaque côté, les scrutateurs des différentes leurs comptes, et le président proclame le résultat.

243 . Si les membres sont également divisés, le président de séance peut, s'il le souhaite, donner une voix prépondérante ; ou, s'il le souhaite, il peut s'abstenir de voter, auquel cas la motion ne prévaut pas et la décision est négative.

244 . C'est une règle générale que tout membre qui se trouve dans la salle d'assemblée au moment où la question est posée, a non seulement le droit mais est tenu de voter ; et, d'autre part, qu'aucun membre ne peut voter s'il n'était pas présent dans la salle à ce moment-là.

245 . La seule autre forme de prise de la question qui mérite d'être décrite est celle qui est généralement en usage dans ce pays, au moyen de laquelle les noms des membres votant d'un côté et de l'autre sont constatés et inscrits dans le journal des votes. l'Assemblée. Cette manière, particulière aux corps législatifs des États-Unis, s'appelle prendre les questions par oui et par non. Pour répondre à une question de cette manière, il est dit des deux côtés à la fois, à savoir : *Tous ceux qui sont ou qui ont une opinion, etc., répondront oui lorsque leurs noms seront appelés* ; et *tous ceux qui sont d' répondront non, lorsque leurs noms seront appelés* ; le rôle de l'assemblée est alors appelé par le greffier, et chaque membre, comme son nom est appelé, se lève à sa place et répond par *oui* ou *par non* , et le greffier note la réponse au fur et à mesure de l'appel du rôle. Lorsque le rôle est parcouru, le greffier relit d'abord les noms de ceux qui ont répondu par l'affirmative, puis les noms de ceux qui ont répondu par la négative, afin que s'il s'est trompé en notant la réponse, ou si un membre a fait une erreur dans sa réponse, l'erreur de l'un ou l'autre peut être corrigée. Les noms ayant ainsi été relus, et les erreurs, s'il y en a, corrigées, le greffier compte les numéros de chaque côté, et les rapporte au président, qui déclare le résultat à l'assemblée.

246 . Voici la manière pratiquée dans la chambre des représentants du Massachusetts (qui est de beaucoup le plus nombreux de tous les corps législatifs de ce pays) de prendre une question par oui et par non. Les noms des membres étant imprimés sur une feuille, le greffier les appelle dans leur ordre ; et pendant que chacun répond, le greffier (répondant en) place au crayon un chiffre exprimant le numéro de la réponse, à gauche ou à droite du nom, selon que la réponse est. Oui ou non; de sorte que le dernier chiffre ou chiffre, de chaque côté, indique le nombre de réponses de ce côté ; et les deux derniers nombres ou chiffres représentent les nombres respectifs des

affirmatifs et des négatifs sur la division. Ainsi, à gauche du nom du député qui répond le premier *oui*, le greffier place un chiffre 1; à la droite du premier membre qui répond *non*, il place également un chiffre 1 ; le deuxième membre qui répond *oui* est noté 2 ; et ainsi de suite jusqu'à la fin de la liste ; le côté du nom, sur lequel est placé le chiffre indiquant si la réponse est *oui* ou *non*, et le chiffre indiquant le numéro de la réponse de ce côté. Les affirmatifs et les négatifs sont alors lus séparément, si nécessaire, bien que cela soit généralement omis, et le greffier est alors prêt, au moyen du dernier chiffre de chaque côté, à donner les numéros à l'orateur pour qu'il les annonce à la Chambre. Les noms et les réponses sont ensuite enregistrés sur le journal.

247 . Dans aucune des manières de prendre une question, dans laquelle elle est d'abord posée d'un côté, tant que la négative ainsi que l'affirmative n'ont pas été posées. Par conséquent, jusqu'à ce que le vote négatif soit mis aux voix, il est permis à tout membre, de la même manière que si le vote n'avait pas commencé, de se lever et de prendre la parole, de présenter des motions d'amendement ou autrement, et de renouveler ainsi le débat ; et ce, que ce membre soit ou non dans la salle d'assemblée, lorsque la question fut posée et partiellement résolue. Dans un tel cas, il faut reposer la question aussi bien du côté affirmatif que du côté négatif ; pour cette raison, que des membres qui n'étaient pas dans la salle d'assemblée lorsque la question a été posée pour la première fois, peuvent être entrés depuis, et aussi que certains de ceux qui ont voté peuvent avoir changé d'avis depuis. Lorsqu'une question est prise par oui et par non, et que le négatif aussi bien que l'affirmatif de la question sont énoncés, et que le vote de chaque côté commence et se déroule en même temps, la question ne peut être ouverte et le débat repris, après l'issue de la discussion. le vote a commencé.

248 . Si une question se pose, dans un point d'ordre, comme, par exemple, quant au droit ou au devoir d'un député de voter, lors d'un vote, le président de séance doit la trancher péremptoirement, sous réserve de la révision et correction de l'assemblée, une fois la division terminée. Dans un cas de ce genre, il ne peut y avoir de débat, quoique le président puisse, s'il le veut, se faire assister des membres avec leurs avis, qu'ils doivent donner en séance, afin d'éviter même l'apparence d'un débat ; mais cela ne peut se faire qu'avec la permission du président de séance, sinon la division pourrait se prolonger jusqu'à une longueur gênante ; aucune question ne peut non plus être prise, car autrement il pourrait y avoir division sur division sans fin.

249 . Lorsque, du décompte de l'assemblée sur division, il apparaît qu'il n'y a pas quorum, il n'y a pas de décision ; mais la matière en question continue dans le même état où elle était avant la division ; et, lorsqu'elle sera reprise ensuite, soit le même jour, soit un jour ultérieur, elle devra être reprise à ce point précis.

34 L'expression la plus courante est : « Je doute du vote » ou « ce vote est mis en doute ». *Retour au texte*

CHAPITRE XIV.
DE RECONSIDERATION.

250 . C'est un principe du droit parlementaire, sur lequel sont fondées bon nombre des règles et procédures énoncées précédemment, que lorsqu'une question a été soumise à une assemblée délibérante et décidée, que ce soit par l'affirmative ou par la négative, cette décision est le jugement de l'assemblée, et ne peut plus être remise en question.

251 . Ce principe vaut également, bien que la question proposée ne soit pas la question identique déjà tranchée, mais seulement son équivalent ; comme, par exemple, lorsque la négative d'une question équivaut à l'affirmative de l'autre et ne laisse aucune autre alternative, ces questions sont équivalentes les unes aux autres, et une décision de l'une conclut nécessairement l'autre.

252 . Une application courante de la règle des questions équivalentes se produit dans le cas d'un amendement proposé par suppression de mots ; dans lequel c'est une pratique invariable le négatif de la suppression comme équivalent à l'affirmatif de l'accord de sorte que poser une question sur l'accord, après une question sur la suppression de son rejet, ce serait, en effet, poser deux fois la même question.

253 . Le principe énoncé ci-dessus ne s'applique pas de manière à empêcher de poser la même question aux différentes étapes d'une procédure ; comme, par exemple, dans les corps législatifs, les différentes étapes d'un projet de loi ; ainsi, lors de l'examen des rapports des commissions, des questions déjà prises et décidées, avant que le sujet ne soit renvoyé, peuvent être de nouveau proposées ; et, de la même manière, les ordres de l'assemblée et les instructions ou renvois aux comités peuvent être annulés ou annulés.

254 . L'inconvénient de cette règle, qui est encore maintenue dans toute sa rigueur au Parlement britannique (bien que divers expédients y soient recourus pour la contrecarrer ou l'éluder), 35 a conduit à introduire dans la pratique parlementaire de ce pays de la requête en *réexamen* ; qui, tout en reconnaissant et en maintenant la règle dans toute son ancienne rigueur, permet néanmoins à une assemblée délibérante, pour des raisons suffisantes, de se soulager de l'embarras et des inconvénients qui résulteraient occasionnellement d'une stricte application de la règle dans un cas particulier.

255 . Il est maintenant devenu une pratique courante dans toutes nos assemblées délibérantes, et peut par conséquent être considéré comme un principe du droit parlementaire commun de ce pays, de reconsidérer un vote déjà voté, soit affirmativement, soit négativement.

256 . À cette fin, il est proposé et appuyé, de la manière habituelle, qu'un tel vote soit reconsidéré ; et, si cette motion l'emporte, l'affaire se présente devant l'assemblée exactement dans le même état et dans la même condition, et les mêmes questions doivent être posées à son sujet, comme si le vote reconsidéré n'avait jamais été adopté. Ainsi, si un amendement par insertion de mots est proposé et rejeté, le même amendement ne peut plus être proposé ; mais l'assemblée peut reconsidérer le vote par lequel il a été rejeté, et alors la reviendra sur l'amendement, précisément comme si le vote précédent n'avait jamais été

257 . Il est d'usage dans les corps législatifs de régler par une règle spéciale le moment, la manière et par qui une motion de reconsidération peut être présentée ; ainsi, par exemple, qu'il ne sera fait que le même jour ou un jour suivant, — par un membre qui a voté avec la majorité, — ou à une époque où il y aura autant de membres présents qu'il y en avait lorsque le vote a été adopté ; mais, lorsqu'il n'y a pas de règle spéciale sur le sujet, une motion de réexamen doit être considérée de la même manière que toute autre motion et comme soumise à aucune autre règle.

---

35 « Le Parlement anglais maintient strictement le principe selon lequel lorsqu'un sujet a été une fois décidé, soit par l'affirmative, soit par la négative, il doit rester en permanence le jugement de la Chambre. Pour remédier aux inconvénients qui surviennent parfois, elle recourt à divers expédients ; comme, en adoptant un acte explicatif, ou un acte pour rectifier les erreurs dans un acte, etc. » — ED. *Retour au texte*

CHAPITRE XV.
DES COMITÉS.

SECTE. I. LEUR NATURE ET LEURS FONCTIONS.

258 . Il est d'usage dans toutes les assemblées délibérantes de prendre les mesures préliminaires (parfois aussi intermédiaires) et de préparer les affaires à traiter dans l'assemblée, au moyen de comités, composés soit de membres spécialement choisis. pour l'occasion particulière, ou désignés d'avance pour toutes affaires de même nature.

259 . Les comités du premier type sont généralement appelés « *sélects* » , les autres *étant permanents* ; quoique la première appellation appartienne avec une égale convenance aux deux, afin de les distinguer d'une autre forme de comité, constitué soit pour une occasion particulière, soit pour tous les cas d'un certain genre, et qui est composé de tous les membres de l'assemblée, et il a donc nommé un *comité plénier* .

260 . Les avantages de procéder selon ce mode sont multiples. Il permet à une assemblée délibérante de faire beaucoup de choses, ce qu'elle serait autrement incapable de faire, à cause de son nombre ; d'accomplir une bien plus grande quantité d'affaires, en les divisant entre les membres, que ce qui pourrait être accompli si l'assemblée délibérative le corps entier était obligé de se consacrer à chaque sujet particulier ; et d'agir dans les étapes préliminaires et préparatoires, avec un plus grand degré de liberté que ce qui n'est compatible avec les formes de procédure habituellement observées en assemblée plénière.

261 . Des commissions sont nommées pour examiner un sujet particulier, soit en général, soit sous instructions spéciales : pour obtenir des informations sur une question soumise à l'assemblée, soit par enquête et inspection personnelles, soit par l'interrogatoire de témoins ; et de digérer et de mettre en forme, pour l'adoption de l'assemblée, toutes résolutions, votes, ordres et autres papiers dont ils pourront être chargés. On dit communément que les comités sont les « yeux et les oreilles » de l'assemblée ; il est également vrai que, dans certains cas, ils en sont aussi « la tête et les mains ».

262 . Les pouvoirs et fonctions des comités dépendent principalement de l'autorité générale et des instructions particulières qui leur sont données par l'assemblée, lors de leur nomination ; mais ils peuvent aussi être, et sont très souvent, davantage instruits, pendant qu'ils sont dans l'exercice de leurs fonctions ; et quelquefois il arrive même que ces instructions supplémentaires changent entièrement la nature d'un comité, en le chargeant d'enquêtes bien différentes de celles pour lesquelles il a été initialement créé.

263 . Dans la manière de nommer les comités, il n'y a aucune différence entre les comités permanents et les autres comités restreints, quant au mode de sélection des membres qui les composent ; et, quant aux comités pléniers, comme il n'y a pas de sélection des membres, ils sont nommés simplement par l'ordre de l'assemblée.

264 . Dans la nomination des comités restreints, la première chose à faire est d'en fixer le nombre. Cela se fait généralement de la même manière que l'on remplit les espaces vides, c'est-à-dire par des membres proposant, sans la formalité d'une motion, les membres qui leur plaisent, qui sont ensuite mis aux voix séparément, en commençant par le plus grand et en passant régulièrement jusqu'à le plus petit, jusqu'à ce que l'assemblée vienne au vote.

265 . Le nombre étant fixé, il y a trois modes de sélection des membres, à savoir, par la nomination du président, — par scrutin, — et par nomination et vote de l'assemblée ; le premier, tantôt en vertu d'une règle permanente, tantôt à la suite d'un vote de l'assemblée dans un cas particulier ; la seconde toujours à la suite d'un vote ; la dernière est la procédure habituelle où aucun vote n'a lieu.

266 . Dans les assemblées délibérantes, dont les séances sont d'une durée considérable, en tant que corps législatifs, il est d'usage de prévoir par une règle permanente que, sauf ordonnance contraire dans un cas particulier, toutes les commissions seront nommées par le président. Lorsque tel est le cas, chaque fois qu'un comité est constitué et que son nombre est fixé, le président nomme immédiatement les membres qui le composeront. Parfois aussi, la règle fixe le nombre dont, sauf ordre contraire, doivent être composés les comités. Ce mode de nomination d'un comité est fréquemment utilisé lorsqu'il n'existe pas de règle en la matière.

267 . Lorsqu'il est ordonné qu'un comité soit nommé par scrutin, les membres sont choisis par l'assemblée, soit individuellement, soit en ensemble, selon ce qui peut être ordonné, de la même manière que les autres élections sont faites ; et, dans de telles élections, comme dans d'autres cas d'élection des officiers de l'assemblée, la majorité de toutes les voix données est nécessaire pour un choix.

268 . Lorsqu'il est ordonné qu'un comité soit nommé par nomination et vote, les noms des membres proposés sont mis aux voix approuvés ou rejetés par l'assemblée, par un vote pris de la manière habituelle. Si la nomination est ordonnée par le président de séance, il peut proposer les noms de la même manière, ou en une seule fois ; le premier mode étant le plus direct et le plus simple ; ce dernier permettant à l'assemblée de voter de manière plus compréhensive sur les différents noms proposés. Lorsqu'il est ordonné que

la nomination soit faite en général, le président appelle l'assemblée à présenter des candidatures, et les noms étant mentionnés en conséquence, il met aux voix le premier nom qu'il entend.

269 . C'est aussi un mode abrégé de nommer un comité, pour en ranimer un qui s'est déjà déchargé par un rapport ; ou en chargeant un comité nommé dans un but précis de tâches supplémentaires, de caractère identique ou différent.

270 . En ce qui concerne la nomination des commissions, en ce qui concerne le choix des membres, c'est une règle générale dans les corps législatifs, lorsqu'un projet de loi doit être renvoyé, que quiconque s'exprime directement contre le corps de celui-ci ne doit pas être de le comité, pour la raison que celui qui voudrait détruire totalement ne modifiera pas ; mais que, pour la raison opposée, ceux qui ne font que des exceptions à certains détails du projet de loi doivent faire partie du comité. Cette règle suppose que le but de l'engagement est, non l'examen du mérite général du bill, mais l'amendement de celui-ci dans ses dispositions particulières, de manière à le rendre acceptable à l'assemblée.

271 . Bien entendu, cette règle n'a pour but que de guider le président de séance et les membres dans l'exercice de leur pouvoir discrétionnaire ; car l'assemblée peut refuser de dispenser de siéger, ou peut elle-même nommer dans un comité, des personnes qui s'opposent au sujet déféré. Il est cependant d'usage, dans toutes les assemblées délibérantes, de constituer un comité de telles personnes (le proposant et l'appuieur d'une mesure étant bien entendu nommés), dont une majorité, au moins, est favorablement encline à la mesure proposée. 36

272 . Lorsqu'un comité a été nommé, relativement à un sujet particulier, il est du devoir du secrétaire de l'assemblée de dresser une liste de ses membres, accompagnée d'une copie certifiée conforme de l'autorité ou des instructions en vertu desquelles ils sont nommés. doivent agir et remettre les papiers au membre nommé en premier sur la liste du comité, si cela convient, mais, sinon, à tout autre membre du comité.

SECTE. III. LEUR ORGANISATION ET LEUR MANIÈRE DE PROCÉDER.

273 . La personne nommée en premier dans un comité agit en qualité de président, ou de président de séance, dans la mesure où elle concerne les mesures préliminaires à prendre, et est généralement autorisée à le faire pendant toute la procédure ; mais c'est une question de courtoisie ; chaque commission ayant le droit d'élire son propre président, qui la préside et rend compte de ses délibérations à l'assemblée.

274 . Un comité doit dûment recevoir des directives de l'assemblée quant à l'heure et au lieu de sa réunion, et ne peut siéger régulièrement à aucun autre

moment ou lieu ; et il , pendant que l'assemblée siège, et de faire son rapport sur-le-champ.

275 . Lorsqu'aucune directive n'est donnée, un comité peut choisir lui-même l'heure et le lieu de sa réunion ; mais, sans ordre spécial à cet effet, il n'est pas permis de siéger pendant que l'assemblée siège ; et, si un comité siège, lorsque l'assemblée revient à l'ordre après un ajournement, il est du devoir du président de se lever immédiatement, après en avoir été certifié, et, avec les autres membres, d'assister au service de l'assemblée. .

276 . En ce qui concerne ses formes de procédure, un comité est essentiellement une assemblée miniature ; — il ne peut agir que lorsqu'il est régulièrement réuni, en comité, et non par consultation séparée et consentement des membres ; rien n'étant l'accord ou le rapport d'un comité, mais ce qui est convenu de cette manière ; — un vote pris en comité est aussi contraignant qu'un vote de l'assemblée ; — une majorité des membres est nécessaire pour constituer un quorum pour les affaires, à moins qu'un nombre plus ou moins grand n'ait été fixé par l'assemblée elle-même ; — et un comité a plein pouvoir sur tout ce qui peut lui être confié, sauf qu'il n'est pas libre de changer le titre ou le sujet.

277 . Un comité, qui n'est soumis à aucune directive quant à l'heure et au lieu de ses réunions, peut se réunir quand et où il lui plaît, et siéger de jour en jour, ou autrement, jusqu'à ce qu'il ait terminé les affaires qui lui sont confiées ; mais, s'il lui est ordonné de se réunir à une heure particulière, et qu'il ne parvient pas à le faire, pour quelque raison que ce soit, le comité est fermé et ne peut agir sans recevoir l'ordre de siéger à nouveau.

278 . Les paroles désordonnées prononcées dans un comité doivent être écrites de la même manière que dans l'assemblée ; mais le comité, comme tel, ne peut rien faire d'autre que d'en faire rapport à l'assemblée pour son animadversion ; Un comité ne peut pas non plus punir une conduite désordonnée de toute autre sorte, mais doit en faire rapport à l'assemblée.

279 . Lorsqu'un document est soumis à un comité restreint ou plénier, il peut soit provenir du comité, soit lui avoir été renvoyé ; et, dans les deux cas, lorsque le document est examiné, il est d'abord lu entièrement par le greffier du comité, s'il y en a un, sinon par le président ; puis être supprimant, soit en insérant, si proposé. C'est l'ordre naturel de procéder pour examiner et amender tout document, et doit être strictement respecté dans l'assemblée ; mais la même rigueur ne semble pas nécessaire dans un comité.

280 . Si le document dont est saisie une commission est un document émanant de la commission, des questions sont posées sur les amendements proposés, mais non sur l'accord sur les différents paragraphes qui le composent, séparément, au fur et à mesure de leur élaboration ; ceci étant

réservé pour la clôture, lorsqu'une question doit être posée dans son ensemble, pour l'approbation du document, tel que modifié ou non.

281 . S'il s'agit d'un document qui a été renvoyé à la commission, ils procèdent comme dans l'autre cas en mettant aux voix des questions d'amendement, si elles sont proposées, mais pas de question finale dans l'ensemble ; parce que toutes les parties du document, ayant été transmises sinon adoptées par l'assemblée comme base de son action, demeurent, bien entendu, à moins qu'elles ne soient modifiées ou supprimées par un vote de l'assemblée. Et même si le comité est opposé à l' document et est d'avis qu'il ne peut être amélioré par des amendements, il n'a aucune autorité pour le rejeter ils doivent en rendre compte à l'assemblée, sans amendements (en indiquant spécialement leurs objections, s'ils le jugent à propos), et y exprimer leur opposition en tant que membres individuels. 37

282 . Dans le cas d'un document émanant d'un comité, celui-ci pourra l'effacer ou l'interligne autant qu'il lui plaira ; cependant, une fois finalement accepté, il doit être rapporté dans un projet clair, rédigé de manière équitable, sans rature ni interlinéation.

283 . Mais, dans le cas d'un document renvoyé à un comité, ils n'ont pas la liberté de l'effacer, de l'interligner, de le tacher, de le défigurer ou de le déchirer de quelque manière que ce soit ; mais ils doivent, dans un document séparé, consigner les amendements qu'ils sont convenus de rapporter, en indiquant les mots qui doivent être insérés ou omis, et l'endroit où les amendements doivent être apportés, par référence au paragraphe ou à l'article, ligne , et mot.

284 . Si les amendements adoptés sont très , la commission peut en faire rapport dans leur ensemble, sous la forme d'un projet nouveau et amendé.

285 . Lorsqu'un comité a examiné le document ou s'est mis d'accord sur un rapport sur le sujet qui lui a été renvoyé, il est alors proposé par un membre, puis voté, que le comité se lève et que le président, ou un autre député, font leur rapport à l'assemblée.

SECTE. IV. LEUR RAPPORT.

286 . Lorsque le rapport d'une commission doit être fait, le président, ou le membre désigné pour faire le rapport, se tenant à sa place, informe l'assemblée que la commission à laquelle a été renvoyé un tel sujet ou document a, conformément à l'ordre , l'a examiné, et lui a ordonné d'en faire un rapport, ou de le rapporter avec divers amendements, ou sans amendement, selon le cas, ce qu'il est prêt à faire, quand l'assemblée le voudra ; et lui ou tout autre membre peut alors proposer que le rapport soit maintenant reçu. Sur cette motion étant faite, la question est mise aux voix si

l'assemblée recevra le rapport à ce moment-là ; et un lieu, en conséquence, soit pour le recevoir alors, soit pour fixer une date future pour sa réception

287 . Au moment où, par l'ordre de l'assemblée, le rapport doit être reçu, le président le lit à sa place, puis le remet, accompagné de tous les papiers qui s'y rattachent, au greffier assis à la table ; où il est relu, puis repose sur la table, jusqu'à l'heure fixée, ou jusqu'à ce que cela convienne à la convenance de l'assemblée, pour l'examiner.

288 . Si le rapport de la commission est d'un document avec des amendements, le président lit les amendements avec la cohérence du document, quelle qu'elle soit, et ouvre les modifications et les motifs de la commission pour les amendements, jusqu'à ce qu'il les ait parcourus. la totalité; et, lorsque le rapport est lu au bureau du greffier, seuls les amendements sont lus sans la cohérence.

289 . Dans la pratique, cependant, la formalité d'une motion et d'un vote sur la réception d'un rapport est généralement supprimée ; cependant, si une objection est formulée, ou si le président de séance constate un caractère informel dans le rapport, il doit refuser de le recevoir sans motion ni vote ; et un rapport, s'il est d'une longueur considérable, est rarement lu, soit par le président à sa place, soit par le greffier à la table, jusqu'à ce qu'il soit pris en considération. Dans les assemblées législatives, l'impression des procès-verbaux rend généralement inutile leur lecture.

290 . Le rapport d'un comité étant fait et reçu, le comité est dissous, et ne peut plus agir sans un nouveau pouvoir ; mais leur autorité peut être rétablie par un vote, et la même affaire leur est renvoyée. Si un rapport, lorsqu'il est présenté à l'assemblée, n'est pas reçu, le comité n'est pas pour autant déchargé, mais peut être ordonné de siéger à nouveau, et une heure et un lieu fixés en conséquence.

291 . Lorsqu'un sujet ou un document a été une fois confié et qu'un rapport a été rédigé à son sujet, il peut être renvoyé soit au même comité, soit à un comité différent ; et si un rapport est réexaminé, avant qu'il n'ait été approuvé par l'assemblée, ce qui a été adopté jusqu'à présent en commission n'est d'aucune validité ; toute la question est de nouveau devant le comité, comme si rien ne s'y était passé.

292 . Le rapport d'un comité peut être présenté sous trois formes différentes, à savoir : , il peut contenir simplement un exposé de faits, HYPERLINK "https://gutenberg.org/files/60757/60757-h/60757-h.htm" \l "png.151" ou une opinion concernant son sujet, sans aucune conclusion spécifique ; ou, *deuxièmement* , un énoncé de faits, un raisonnement ou une opinion, se terminant par une résolution, ou une série de résolutions, ou par une autre

proposition spécifique ; ou, *troisièmement* , il peut consister simplement en de telles résolutions ou propositions, sans aucune partie introductive.

293 . La première question, sur un rapport, porte strictement sur sa réception ; bien qu'en pratique, cette question soit rarement ou jamais posée ; le consentement de l'assemblée, surtout en ce qui concerne le rapport d'un comité plénier, étant généralement présumé, à moins d'objection. Lorsqu'un rapport est reçu, soit par consentement général, soit sur question et vote, le comité est déchargé, et le rapport devient la base des délibérations futures de l'assemblée, sur le sujet auquel il se rapporte.

294 . Au moment fixé pour l'examen d'un rapport, celui-ci peut être traité et disposé exactement comme toute autre proposition (59 à 77) ; et pourra être amendé, de la même manière (78 à 133), tant dans l'énoncé préliminaire, le raisonnement ou l'opinion, s'il en contient, que dans les résolutions, ou autres par lesquelles il se il en est ainsi s'il s'agit simplement d'une déclaration, etc., sans résolutions, ou de résolutions, etc., sans aucune partie introductive.

295 . La question finale d'un rapport, quelle que soit sa forme, est généralement posée lors de son acceptation ; et, une fois accepté, le rapport dans son ensemble est adopté par l'assemblée et devient la déclaration, le raisonnement, l'opinion, la résolution ou tout autre acte, selon le cas, de l'assemblée ; les actes d'un comité, lorsqu'ils sont convenus, adoptés ou acceptés, deviennent les actes de l'assemblée, de la même manière que s'ils étaient faits à l'origine par l'assemblée elle-même, sans l'intervention d'un comité.

296 . Il serait cependant préférable, et dans le respect plus strict des règles parlementaires, de formuler la question finale d'un rapport, selon la forme de celui-ci. Si le rapport contient simplement un exposé de faits, un raisonnement ou une opinion, la question devrait porter sur l'acceptation ; s'il se termine également par des résolutions ou d'autres propositions spécifiques de quelque nature que ce soit, la partie introductive étant par conséquent confondue dans la conclusion, il s'agirait alors de l'accord sur les résolutions, ou de l'adoption , ou autre proposition, ou lors de son adoption ou de son passage au vote, recommandée par le comité ; et il devrait en être de même pour la forme de la question lorsque le rapport se compose simplement de résolutions, etc., sans aucune partie introductive.

SECTE. V. COMITÉ PLÉNIER.

297 . Lorsqu'il a été ordonné qu'un sujet soit renvoyé à un comité plénier, la forme du passage de l'assemblée en comité est, pour le président, à l'heure fixée pour que le comité siège, sur proposition faite et appuyée pour le but, de poser la question que l'assemblée se résout maintenant en comité plénier, pour prendre en considération une telle question, en la nommant. Si cette

question est tranchée par l'affirmative, le résultat est déclaré par le président de séance, qui, nommant un membre pour agir comme président du comité, quitte alors le fauteuil et prend place ailleurs, comme tout autre membre ; et la personne nommée président s'assoit (non pas au fauteuil de l'assemblée mais) à la table du greffier. 38

298 . Le président nommé par le président de séance est généralement acquiescé par le comité ; cependant, comme tous les autres comités, un comité plénier a le droit d'élire un président pour lui-même, un membre, d'un commun accord, posant la question.

299 . Le même nombre de membres est nécessaire pour constituer le quorum d'un comité plénier, comme de l'assemblée ; et si les membres présents tombent en dessous du quorum, à tout moment, au cours des débats, le président, sur une motion et une question, se lève, — le président d'audience reprend alors le fauteuil, — et le président informe l'assemblée (il ne peut faire aucun autre rapport) sur la cause de la dissolution du comité.

300 . Lorsque l'assemblée est en commission plénière, il est du devoir du président de séance de rester dans la salle de l'assemblée, afin d'être prêt à reprendre la présidence, au cas où la commission serait dissoute par quelque désordre, ou faute de quorum, ou devraient se lever, soit pour rendre compte des progrès réalisés, soit pour présenter leur rapport final sur la question qui leur est confiée.

301 . Le greffier de l'assemblée n'agit pas journal aucun des travaux ou votes de la commission, mais seulement leur rapport. tel que fait à l'assemblée.

302 . Les procédures dans un comité plénier, quoique, en général, semblables à celles de l'assemblée elle-même et des autres comités, sont cependant différentes à certains égards, dont les principaux sont les suivants :

303 . *D'abord.* La question précédente ne peut être proposée en comité plénier. Le seul moyen d'éviter une discussion inappropriée est de proposer que le comité se lève ; et, s'il est à craindre que la même discussion soit tentée en rentrant en commission, l'assemblée peut décharger la commission et procéder elle-même aux affaires, en empêchant toute discussion inappropriée au moyen de la question précédente. 39

304 . *Deuxième.* Un comité plénier ne peut s'ajourner, comme les autres comités, à une autre heure ou à un autre endroit, dans le but de de compléter l'étude du sujet qui lui est soumis mais si leurs affaires ne sont pas terminées, à l'heure habituelle pour l'ajournement de l'assemblée, ou, pour toute autre raison, s'ils souhaitent ne pas aller plus loin à une heure particulière, la forme de procédure est qu'un membre propose que le comité se lève. ,—signalez les progrès,—et demandez la permission de vous asseoir à nouveau ; et, si cette motion l'emporte, le président se lève, le président reprend la présidence

de l'assemblée, et le président du comité l'informe que le comité plénier a, conformément à l'ordre, eu à examiner une telle question. , et ont fait quelques progrès dans ce domaine ; 40 mais, n'ayant pas eu le temps d'aller jusqu'au bout, lui ont ordonné de demander l'autorisation de siéger à nouveau le comité. Le président pose alors une question sur l'autorisation à la commission de siéger à nouveau, ainsi que sur le moment où l'assemblée se constituera de nouveau en commission. Si l'autorisation de siéger à nouveau n'est pas accordée, la commission est bien entendu dissoute.

305 . *Troisième.* Dans un comité plénier, chaque membre peut parler autant de fois qu'il lui , pourvu qu'il puisse obtenir la tandis que dans l'assemblée elle-même, aucun membre ne peut parler plus d'une fois.

306 . *Quatrième.* Un comité plénier ne peut renvoyer aucune question à un autre comité; mais d'autres comités peuvent exercer et exercent fréquemment leurs fonctions et accélèrent leurs affaires au moyen de sous-comités composés de leurs propres membres.

307 . *Cinquième.* Dans une commission plénière, le président de l'assemblée a le droit de prendre part aux débats et aux délibérations, au même titre que tout autre membre.

308 . *Sixième.* Un comité plénier, comme un comité restreint, n'a aucune autorité pour punir un manquement à l'ordre, qu'il s'agisse d'un membre ou d'un étranger ; mais il ne peut que se lever et rapporter l'affaire à l'assemblée, qui peut procéder à la punition du contrevenant. Les paroles désordonnées doivent être écrites en commission, de la même manière qu'en assemblée, et rapportées à l'assemblée pour son animadversion.

309 . Ce qui précède sont les principaux points de différence entre les délibérations de l'assemblée et celles des comités pléniers ; à bien d'autres égards, ils sont exactement similaires. On dit quelquefois que dans un comité plénier, il n'est pas nécessaire qu'une motion soit appuyée. Il n'y a cependant aucun fondement, ni dans la raison ni dans l'usage parlementaire, à cette opinion.

310 . Lorsqu'un comité plénier a examiné l'affaire qui lui a été soumise, un membre propose que le comité se lève et que le président (ou un autre membre) fasse rapport de ses délibérations à l'assemblée ; ce qui étant résolu, le président se lève et va à sa place, — le président reprend la présidence de l'assemblée, — et le président l'informe que le comité a terminé les affaires qui lui sont renvoyées, et qu'il est prêt à faire leur rapport, lorsque l'assemblée jugera à propos de le recevoir. L'heure de réception du rapport est alors convenue ; et, à l'heure fixée, elle est faite et reçue de la même manière que celle de tout autre comité (286).

311 . Il arrive quelquefois qu'on se dispense de la formalité d'une motion et d'une question sur l'heure de réception d'un rapport. Si l'assemblée est prête à le recevoir, à ce moment-là, elle crie : « maintenant, maintenant », sur quoi le président continue ; s'il prêt, une autre est mentionnée, comme « demain » ou « lundi », et cette heure est fixée d'un commun accord. Mais, quand ce n'est pas le sens général de l'assemblée de recevoir le rapport à ce moment-là, il vaut mieux s'entendre et fixer l'heure par une motion et une question. 41

---

36 «En théorie, la majorité de la commission devrait être composée d'amis de la mesure déférée. Mais en règle générale, on constate que quel que soit le parti politique ascendant, ce parti a la majorité au sein du comité, car il pourra alors contrôler le fonctionnement du comité, ETC. *Retour au texte*

37 Cette règle ne s'applique bien entendu pas aux cas dans lesquels le SUJET, ainsi que la FORME OU LES DÉTAILS d'un article, sont renvoyés au comité. *Retour au texte*

38 Jefferson dit qu'il s'assiéra à la table du greffier.

Mell dit : « Le président ainsi désigné occupera le fauteuil *du Président* . » – ED. *Retour au texte*

39 Si le but est d'arrêter le débat, cela ne peut se faire que de la même manière, à moins qu'il n'y ait une règle spéciale, quant à l'heure de la parole, ou pour retirer un sujet du comité. *Retour au texte*

40 Si c'est une deuxième fois, l'expression est « quelques progrès supplémentaires », etc. *Retour au texte*

41 « Les amendements proposés par le comité peuvent être amendés ou rejetés par l'assemblée, et les questions rayées par le comité peuvent être rétablies par l'assemblée. » — ED. *Retour au texte*

REMARQUES CONCLUSIONS.

312 . En concluant ce traité, il ne sera pas jugé déplacé de faire une ou deux suggestions à l'intention des personnes qui peuvent être appelées à agir comme présidents, pour la première fois.

313 . Une des parties les plus essentielles du devoir d'un président est d'accorder la plus grande attention aux délibérations de l'assemblée, et surtout à ce que disent tous les membres qui parlent. Sans le premier, la confusion se produira presque certainement ; perdre du temps, peut-être perturber l'assemblée. Ce dernier n'est pas seulement une manifestation décente de respect pour ceux qui l'ont élevé à un rang honorable ; mais il tend grandement à encourager les membres timides ou méfiants, et à leur assurer une écoute patiente et attentive ; et cela permet souvent au président de séance, par une intervention opportune, de réprimer un langage offensant, à temps pour prévenir des scènes de tumulte et de désordre, telles que celles qui ont parfois déshonoré nos salles législatives.

314 . Le président doit constamment garder à l'esprit que, dans une assemblée délibérante, il ne peut régulièrement y avoir qu'une seule chose faite ou faite à la fois. Cette prudence lui sera particulièrement utile, chaque fois qu'une querelle surgira entre deux membres, à la suite de paroles prononcées dans un débat. Dans un tel cas, il fera bien d'exiger que la procédure régulière soit strictement suivie ; et veillera à empêcher les membres d'intervenir de toute autre manière. En général, la solennité et la délibération qui accompagnent ce régime contribueront beaucoup à apaiser la chaleur et l'excitation, et à rétablir l'harmonie et l'ordre dans l'assemblée.

315 . Un président de séance se trouvera souvent embarrassé par la difficulté, ainsi que par la délicatesse, de décider des points d'ordre ou de donner des instructions sur la manière de procéder. Dans de tels cas, il lui sera utile de se rappeler que...

LE GRAND BUT DE TOUTES LES RÈGLES ET DE TOUTES LES FORMES EST DE SERVIR LA VOLONTÉ DE L'ASSEMBLÉE PLUTÔT QUE DE LA RESTREINDRE ; FACILITER, ET NON ENTRAVER, L'EXPRESSION DE LEUR SENTIMENT DÉLIBÉRÉ.

———————— ▸●◂ ————————

REMARQUE : La question dite « cloture » a la même fin que la question américaine précédente ; il s'agit d'écourter le débat. La question anglaise précédente vise à poursuivre le débat, et un nouveau schéma dut être imaginé en 1882. C'est alors que la cloture française fut adoptée et naturalisée. En vertu de la loi Cloture, le président de la Chambre ou le président du comité peut dire s'il estime que le sujet soumis à la Chambre ou au comité a été suffisamment discuté, et si une motion est présentée « Que la question soit maintenant mise aux voix », il doit mettre aux voix. la question. Si 200 membres sont en faveur de la mise aux voix, ou si moins de 40 s'y opposent et plus de 100 sont en faveur, il met immédiatement aux voix la question principale devant la Chambre ou le comité. Dans ce pays, lorsqu'un député fait rapport d'un projet de loi de son comité, il propose que la question précédente soit mise aux voix au bout d'une heure ; le débat est donc limité à une heure. En Angleterre, un député, réclamant un bill pour sa seconde lecture, propose la question précédente et vote contre sa motion. Si la question précédente devait être ordonnée, il se sentirait profondément dégoûté – le membre du Congrès américain le serait également si la question précédente n'était pas ordonnée.

CONSTITUTION DES ÉTATS-UNIS.

PRÉAMBULE.

NOUS , le peuple des États-Unis, afin de former une union plus parfaite, d'établir la justice, d'assurer la tranquillité intérieure, d'assurer la défense commune, de promouvoir le bien-être général et d'assurer les bénédictions de la liberté pour nous-mêmes et pour notre postérité, ordonnons et établir cette Constitution pour les États-Unis d'Amérique.

ARTICLE PREMIER.
LE DÉPARTEMENT LÉGISLATIF.

SECTION I. — Tous les pouvoirs législatifs accordés par les présentes seront confiés à un Congrès des États-Unis, qui comprendra un Sénat et une Chambre des représentants.

SECTION II. — 1. La Chambre des Représentants sera composée de membres choisis tous les deux ans par le peuple des différents États ; et les électeurs de chaque État doivent avoir les qualifications requises pour les électeurs de la branche la plus nombreuse de la législature de l'État.

2. Nul ne sera un représentant s'il n'a pas atteint l'âge de vingt-cinq ans, et n'a pas été citoyen des États-Unis pendant sept ans, et qui ne doit pas, une fois élu, être un habitant de cet État. Etat dans lequel il sera choisi.

3. Les représentants et les impôts directs seront répartis entre les divers États qui pourront être compris dans cette Union, d'après leur nombre respectif, qui sera déterminé en ajoutant au nombre total des personnes libres, y compris celles liées au service pour une durée de ans, et à l'exclusion des Indiens non imposés, les trois cinquièmes de toutes les autres personnes. Le recensement effectif sera effectué dans les trois ans suivant la première réunion du Congrès des États-Unis, et au cours de chaque mandat ultérieur de dix ans, de la manière qu'ils fixeront par la loi. Le nombre des représentants ne pourra excéder un pour trente mille, mais chaque État aura au moins un représentant ; et jusqu'à ce qu'un tel dénombrement soit fait, l'État du New Hampshire aura le droit d'en choisir trois ; Massachusetts, huit ; Rhode Island et Providence Plantations, un ; Connecticut, cinq ; New York, six ; New Jersey, quatre ; Pennsylvanie, huit ; Delaware, un ; Maryland, six ; Virginie, dix ans ; Caroline du Nord, cinq ; Caroline du Sud, cinq ; et la Géorgie, trois.

4. Lorsque des vacances se produisent dans la représentation d'un État, l'autorité exécutive de celui-ci émettra des brefs d'élection pour pourvoir ces vacances.

5. La Chambre des représentants choisira son président et ses autres membres et aura seul le pouvoir de destitution.

SECTION III. — 1. Le Sénat des États-Unis sera composé de deux sénateurs de chaque État, choisis par la législature de celui-ci pour six ans ; et chaque sénateur disposera d'une voix.

2. Immédiatement après qu'ils auront été assemblés à la suite de la première élection, ils seront divisés aussi également que possible en trois classes. Les sièges des sénateurs de la première classe seront vacants à l'expiration de la deuxième année, de la deuxième classe à l'expiration de la quatrième année et de la troisième classe à l'expiration de la sixième année, de sorte qu'un tiers puisse être choisi tous les deux ans; et si des vacances surviennent, par démission ou autrement, pendant les vacances de la législature d'un État, l'exécutif de celui-ci peut procéder à des nominations temporaires jusqu'à la prochaine réunion de la législature, qui comblera alors ces vacances.

3. Nul ne sera sénateur s'il n'a pas atteint l'âge de trente ans et n'a pas été citoyen des États-Unis pendant neuf ans, et qui ne doit pas, une fois élu, être un habitant de cet État pour lequel il sera choisi.

4. Le vice-président des États-Unis sera président du Sénat, mais ne disposera d'aucun droit de vote à moins qu'ils ne soient divisés à parts égales.

5. Le Sénat choisira ses autres officiers, ainsi qu'un président *pro tempore* en l'absence du vice-président, ou lorsqu'il exercera la fonction de président des États-Unis.

6. Le Sénat aura seul le pouvoir de juger toutes les mises en accusation. Lorsqu'ils siègent à cette fin, ils doivent prêter serment ou affirmation solennelle. Lorsque le président des États-Unis sera jugé, le juge en chef présidera : et personne ne pourra être condamné sans des membres présents.

7. Le jugement en cas de mise en accusation ne s'étendra pas au-delà de la destitution de ses fonctions et de l'interdiction d'occuper et de jouir de toute fonction honorifique, de confiance ou de profit aux États-Unis ; mais la partie reconnue coupable sera néanmoins responsable et sujette à une accusation, un procès, un jugement et une punition, conformément à la loi.

SECTION IV. — 1. Les dates, lieux et modalités des élections des sénateurs et des représentants seront prescrits dans chaque État par la législature de celui-ci ; mais le Congrès peut à tout moment, par la loi, prendre ou modifier de tels règlements, sauf en ce qui concerne les lieux de choix des sénateurs.

2. Le Congrès se réunit au moins une fois par an ; et cette réunion aura lieu le premier lundi de décembre, à moins que la loi ne fixe un jour différent.

SECTION V. — 1. Chaque chambre sera juge des élections, des résultats et des qualifications de ses propres membres, et la majorité de chacune constituera un quorum pour faire des affaires ; mais un plus petit nombre peut s'ajourner de jour en jour, et peut être autorisé à contraindre la présence des membres absents, de telle manière et sous telles pénalités que chaque chambre peut prévoir.

2. Chaque chambre peut déterminer les règles de ses travaux, punir ses membres pour conduite désordonnée et, avec l'accord des deux tiers, expulser un membre.

3. Chaque chambre tiendra un journal de ses délibérations le publiera de temps à autre, à l'exception des parties qui, à leur avis, peuvent exiger le et les oui et les non des membres de l'une ou l'autre chambre sur toute question seront, au désir d'un cinquième des personnes présentes, inscrits dans le journal.

4. Aucune des chambres, pendant la session du Congrès, ne pourra, sans le consentement de l'autre, s'ajourner pendant plus de trois jours, ni à aucun autre endroit que celui où siégeront les deux chambres.

SECTION VI. — 1. Les sénateurs et les représentants recevront pour leurs services une compensation qui sera fixée par la loi et payée sur le trésor des États-Unis. Ils auront, dans tous les cas, sauf trahison, crime et violation de la paix, le privilège de ne pas être arrêtés pendant leur présence à la séance de leurs maisons respectives, ainsi qu'en y allant et en revenant ; et pour tout discours ou débat dans l'une ou l'autre chambre, ils ne seront interrogés nulle part ailleurs.

2. Aucun sénateur ou représentant ne pourra, pendant la période pour laquelle il a été élu, être nommé à une fonction civile sous l'autorité des États-Unis, qui aura été créée, ou dont les émoluments auront été augmentés, pendant cette période ; et aucune personne occupant une fonction sous les États-Unis ne sera membre de l'une ou l'autre des chambres pendant la durée de son mandat.

SECTION VII. — 1. Tous les projets de loi visant à augmenter les revenus doivent provenir de la Chambre des représentants ; mais le Sénat peut proposer ou approuver des amendements, comme pour les autres projets de loi.

2. Tout projet de loi qui aura été adopté par la Chambre et par le Sénat devra, avant de devenir une loi, être présenté au président des États-Uniss'il l'approuve, il le signera ; mais sinon, il le rendra, avec ses objections, à la maison d'où il sera originaire ; qui consignera les objections en général dans son journal et procédera à le reconsidérer. Si, après un tel réexamen, les deux tiers de cette chambre acceptent d'adopter le projet de loi, celui-ci sera

envoyé, avec les objections, à l'autre chambre, par laquelle il sera également réexaminé ; et si elle est approuvée par les deux tiers de cette maison, elle deviendra une loi. Mais dans tous ces cas, les votes des deux chambres seront déterminés par oui et par non, et les noms des personnes votant pour et contre le projet de loi seront inscrits respectivement au journal de chaque chambre. Si un projet de loi n'est pas renvoyé par le Président dans les dix jours (sauf le dimanche) après qu'il lui a été présenté, celui-ci sera une loi de la même manière que s'il l'avait signé, à moins que le Congrès, par son ajournement, n'empêche son adoption. retour, auquel cas ce ne sera pas une loi.

3. Tout ordre, résolution ou vote pour lequel l'accord du Sénat et de la Chambre des représentants peut être nécessaire (sauf sur une question d'ajournement) sera présenté au Président des États-Unis ; et avant que celui-ci n'entre en vigueur, il sera approuvé par lui ; ou étant désapprouvé par lui, sera de nouveau adopté par les deux tiers du Sénat et de la Chambre des Représentants, selon les règles et limitations prescrites dans le cas d'un projet de loi.

Section VIII. —Le Congrès aura le pouvoir—

1. Établir et percevoir les impôts, droits, impôts et accises ; payer les dettes et pourvoir à la défense commune et au bien-être général des États-Unis ; mais tous les droits, impôts et accises seront uniformes dans tout le territoire des États-Unis :

2. Pour emprunter de l'argent sur le crédit des États-Unis :

3. Régler le commerce avec les nations étrangères, entre les différents États et avec les tribus indiennes :

4. Établir une règle uniforme de naturalisation et des lois uniformes en matière de faillites partout aux États-Unis :

5. Battre la monnaie, en régler la valeur et celle des pièces étrangères, et fixer l'étalon des poids et mesures :

6. Prévoir la punition de la contrefaçon des valeurs mobilières et des pièces de monnaie courantes des États-Unis :

7. Pour établir des bureaux de poste et des routes postales :

8. Favoriser le progrès de la science et des arts utiles, en assurant pour des durées limitées, aux auteurs et inventeurs, le droit exclusif sur leurs écrits et découvertes respectifs :

9. Pour constituer des tribunaux inférieurs à la Cour suprême :

10. Pour définir et punir les pirateries et crimes commis en haute mer, ainsi que les délits contre le droit des gens :

11. Déclarer la guerre, accorder des lettres de marque et de représailles, et établir des règles concernant les captures sur terre et sur l'eau :

12. Lever et soutenir des armées ; mais aucune affectation d'argent à cet usage ne peut être d'une durée supérieure à deux ans :

13. Fournir et entretenir une marine :

14. Établir des règles pour le gouvernement et la réglementation des forces terrestres et navales :

15. Prévoir l'appel à la milice pour exécuter les lois de l'Union, réprimer les insurrections et repousser les invasions :

16. Pourvoir à l'organisation, à l'armement et à la discipline de la milice, et à la gouvernance des parties d'entre elles qui peuvent être employées au service des États-Unis ; réservant aux Etats respectivement la nomination des officiers et le pouvoir d'entraîner les milices selon la discipline prescrite par le Congrès :

17. Exercer une législation exclusive dans tous les cas quels qu'ils soient, sur tout district (n'excédant pas dix milles carrés) qui peut, par cession d'États particuliers et acceptation du Congrès, devenir le siège du gouvernement des États-Unis ; et d'exercer la même autorité sur tous les lieux achetés avec le consentement de la législature de l'État dans lequel ils se trouveront, pour la construction de forts, magasins, arsenaux, chantiers navals et autres bâtiments nécessaires : — et

18. Faire toutes les lois qui seront nécessaires et appropriées pour mettre en œuvre les pouvoirs ci-dessus, et tous les autres pouvoirs conférés par la présente Constitution au gouvernement des États-Unis, ou à tout département ou fonctionnaire de celui-ci.

SECTION IX. — 1. L'immigration ou l'importation de telles personnes que l'un des États existants jugera à propos d'admettre, ne sera pas interdite par le Congrès avant l'an mil huit cent huit ; mais une taxe ou un droit peut être imposé sur cette importation n'excédant pas dix dollars par personne.

2. Le privilège du bref d'habeas corpus ne sera pas suspendu, à moins que, en cas de rébellion ou d'invasion, la sécurité publique ne l'exige.

3. Aucun projet de loi ou loi *ex post facto* ne sera adopté.

4. Aucune capitation ou autre impôt direct ne sera imposé, à moins qu'il ne soit proportionnel au recensement ou au dénombrement ci-dessus ordonné d'être effectué.

5. Aucun impôt ou droit ne sera imposé sur les articles exportés d'un État. Aucune préférence ne sera accordée par aucune réglementation du commerce ou des revenus aux ports d'un État sur ceux d'un autre : et les navires à destination ou en provenance d'un État ne seront pas non plus obligés d'entrer, de dédouaner ou de payer des droits dans un autre.

6. Aucune somme d'argent ne sera tirée du trésor, sauf en conséquence des crédits faits par la loi ; et un état et un compte régulier des recettes et des dépenses de tous les fonds publics seront publiés de temps à autre.

7. Aucun titre de noblesse ne sera accordé par les États-Unis : et aucune personne occupant une fonction lucrative ou fiduciaire en vertu de ces États ne pourra, sans le consentement du Congrès, accepter un cadeau, un émolument, une fonction ou un titre de quelque nature que ce soit. quoi qu'il en soit, de n'importe quel roi, prince ou État étranger.

SECTION X. — 1. Aucun État ne conclura de traité, d'alliance ou de confédération ; accorder des lettres de et de monnaie de pièces de monnaie; émettre des factures de crédit ; faire de tout, sauf des pièces d'or et d'argent, une offre pour le paiement des dettes ; adopter tout projet de loi, loi *ex post facto* ou loi portant atteinte à l'obligation des contrats ; ou accorder un titre de noblesse.

2. Aucun État ne pourra, sans le consentement du Congrès, imposer des impôts ou des droits sur les importations ou les exportations, sauf ce qui peut être absolument nécessaire à l'exécution de ses lois d'inspection : et le produit net de tous les droits et taxes imposés par un État sur les importations ou les exportations. les exportations seront destinées à l'usage du Trésor des États-Unis, et toutes ces lois seront soumises à la révision et au contrôle du Congrès.

3. Aucun État ne peut, sans le consentement du Congrès, imposer un droit sur le tonnage, garder des troupes ou des navires de guerre en temps de paix, conclure un accord ou un pacte avec un autre État ou avec une puissance étrangère, ou s'engager dans une guerre. à moins qu'elle ne soit effectivement envahie ou qu'elle ne se trouve dans un danger si imminent qu'il ne permet aucun délai.

ARTICLE II.
LE DÉPARTEMENT EXÉCUTIF.

SECTION I. — 1. Le pouvoir exécutif sera confié à un président des États-Unis d'Amérique. Il exercera ses fonctions pendant une durée de quatre ans ; et, avec le Vice-Président, choisi pour le même mandat, être élu comme suit :

2. Chaque État nommera, de la manière que sa législature pourra prescrire, un nombre d'électeurs égal au nombre total de sénateurs et de représentants auxquels l'État peut avoir droit au aucun sénateur ou représentant, ou une personne occupant une fonction de fiducie ou de profit aux États-Unis, sera nommée électeur.

3. Les électeurs se réuniront dans leurs États respectifs et voteront au scrutin pour deux personnes, dont l'une au moins ne devra pas être un habitant du même État qu'eux. Et ils feront une liste de toutes les personnes pour lesquelles ils ont voté, et du nombre de voix pour chacun ; quelle liste ils signeront et certifieront, et transmettront sous pli cacheté au siège du gouvernement des États-Unis, adressée au président du Sénat. Le Président du Sénat ouvrira tous les certificats, en présence du Sénat et de la Chambre des Représentants, et les votes seront alors comptés. La personne ayant le plus grand nombre de voix sera président, si ce nombre constitue la majorité du nombre total d'électeurs nommés ; et s'il y en a plusieurs qui ont une telle majorité et ont un nombre égal de voix, alors la Chambre des Représentants choisira immédiatement, par scrutin, l'un d'eux pour le président ; et si personne n'a la majorité, alors, parmi les cinq premiers de la liste, ladite Chambre choisira de la même manière un président. Mais pour le choix du Président, les voix seront prises par les États, la représentation de chaque État disposant d'une voix : le quorum à cet effet sera composé d'un ou de plusieurs membres provenant des deux tiers des États, et la majorité de tous les États sera être nécessaire à un choix. Dans tous les cas, après le choix du Président, la personne ayant le plus grand nombre de voix des électeurs sera Vice-Président. Mais s'il en reste deux ou plus qui ont des voix égales choisira parmi eux, par scrutin, le vice-président.

4. Le Congrès peut déterminer le moment du choix des électeurs et le jour où ils donneront leur vote, lequel jour sera le même dans tous les États-Unis.

5. Aucune personne, à l'exception d'un citoyen de naissance ou d'un citoyen des États-Unis au moment de l'adoption de la présente Constitution, ne sera éligible au poste de président : aucune personne ne sera non plus éligible à ce poste s'il n'a pas atteint à l'âge de trente-cinq ans et réside depuis quatorze ans aux États-Unis.

6. En cas de destitution du Président de ses fonctions, ou de décès, de démission ou d'incapacité d'exercer les pouvoirs et devoirs de ladite charge, il en sera de même pour le Vice-Président ; et le Congrès peut, par la loi, prévoir les cas de destitution, de décès, de démission ou d'incapacité du président et du vice-président, en déclarant quel officier agira alors en tant que président ; et cet officier agira en conséquence, jusqu'à ce que l'invalidité soit levée ou qu'un président soit élu.

7. Le Président recevra, à des époques fixées, pour ses services, une indemnité qui ne pourra être ni augmentée ni diminuée pendant la période pour laquelle il aura été élu ; et il ne recevra pendant cette période aucune autre émolument des États-Unis, ou de l'un d'entre eux.

8. Avant d'entrer en exercice de ses fonctions, il prêtera le serment ou l'affirmation suivante :

«Je jure (ou affirme) solennellement que j'exécuterai capacités, je préserverai, protégerai et défendrai la Constitution des États-Unis. »

SECTION II. — 1. Le président sera commandant en chef de l'armée et de la marine des États-Unis, ainsi que des milices des différents États, lorsqu'il sera appelé au service effectif des États-Unis. Il peut requérir l'avis, par écrit, du fonctionnaire principal de chacun des départements exécutifs, sur tout sujet relatif aux devoirs de leurs charges respectives ; et il aura le pouvoir d'accorder des sursis et des grâces pour les infractions contre les États-Unis, sauf en cas de mise en accusation.

2. Il aura le pouvoir, sur l'avis et le consentement du Sénat, de conclure des traités, à condition que les deux tiers des sénateurs présents soient d'accord ; et il nommera et, sur l'avis et le consentement du Sénat, nommera les ambassadeurs et autres ministres publics et consuls, les juges de la Cour suprême et tous les autres officiers des États-Unis dont les nominations ne sont pas autrement prévues par les présentes. , et qui sera établi par la loi. Mais le Congrès peut, par la loi, confier la nomination des officiers inférieurs qu'il juge opportun, au président seul, aux tribunaux ou aux chefs de département.

3. Le Président aura le pouvoir de pourvoir à toutes les vacances qui pourraient survenir pendant les vacances du Sénat, en attribuant des commissions, qui expireront à la fin de leur prochaine session.

SECTION III. — 1. Il donnera, de temps à autre, sur l'état de l'Union et recommandera à leur examen les mesures qu'il jugera nécessaires et opportunes. Il peut, dans des occasions extraordinaires, convoquer les deux chambres, ou l'une d'elles ; et en cas de désaccord entre eux, quant à l'heure de l'ajournement, il pourra les ajourner au moment qu'il jugera approprié. Il recevra les ambassadeurs et autres ministres publics. Il veillera à ce que les lois soient fidèlement exécutées ; et commissionnera tous les officiers des États-Unis.

SECTION IV. —Le président, le vice-président et tous les officiers civils des États-Unis seront démis de leurs fonctions en cas de mise en accusation et de condamnation pour trahison, corruption ou autres crimes et délits graves.

ARTICLE III.
LE DÉPARTEMENT JUDICIAIRE.

Section I. — Le pouvoir judiciaire des États-Unis sera confié à une seule Cour suprême et à tels tribunaux inférieurs que le Congrès pourra, de temps à autre, ordonner et établir. Les juges, tant des cours suprêmes que des cours inférieures, exerceront leurs fonctions pendant bonne conduite ; et recevront, aux époques fixées, pour leurs services, une compensation qui ne sera pas diminuée pendant la durée de leur mandat.

Section II. — 1. Le pouvoir judiciaire s'étendra à tous les cas de droit et d'équité découlant de la présente Constitution, des lois des États-Unis et des traités conclus ou qui seront conclus sous leur autorité ; à tous les cas affectant les ambassadeurs, autres ministres publics et consuls ; à tous les cas d'amirauté et de juridiction maritime ; aux controverses auxquelles les États-Unis seront partie prenante ; aux controverses entre deux ou plusieurs États ; entre un État et les citoyens d'un autre État ; entre citoyens de différents États ; entre citoyens d'un même État réclamant des terres au titre de concessions d'États différents ; et entre un État, ou ses citoyens, et des États, citoyens ou sujets étrangers.

2. Dans tous les cas concernant les ambassadeurs, autres ministres publics et consuls, ainsi que ceux dans lesquels un État est partie, la Cour suprême sera compétente en première instance. Dans tous les autres cas mentionnés ci-dessus, la Cour suprême aura compétence d'appel, tant en droit qu'en fait, avec telles exceptions et selon tels règlements que le Congrès adoptera.

3. Le procès de tous les crimes, sauf en cas de mise en accusation, se fera par jury, et ce procès aura lieu dans l'État où lesdits crimes auront été commis ; mais lorsqu'il n'est pas commis dans un État, le procès aura lieu au(x) lieu(x) que le Congrès pourra prescrire par la loi.

Section III. — 1. La trahison contre les États-Unis consistera uniquement à leur faire la guerre, ou à adhérer à leurs ennemis, en leur apportant aide et réconfort. Nul ne peut être reconnu coupable de trahison, sauf sur la déposition de deux témoins du même acte manifeste, ou sur des aveux en audience publique.

2. Le Congrès aura le pouvoir de prononcer la punition de la trahison ; mais auteur de trahison ne devra la corruption du sang ou la confiscation, sauf pendant la vie de la personne atteinte

ARTICLE IV.
PROVISIONS DIVERSES.

Section I. — La pleine foi et le crédit seront accordés dans chaque État aux actes publics, aux archives et aux procédures judiciaires de tout autre État ;

et le Congrès peut, par des lois générales, prescrire la manière dont ces actes, dossiers et procédures doivent être prouvés, ainsi que leurs effets.

SECTION II. — 1. Les citoyens de chaque État ont droit à tous les privilèges et immunités des citoyens des différents États.

2. Une personne accusée dans un État de trahison, crime ou autre crime, qui fuira la justice et sera trouvée dans un autre État, sera, à la demande de l'autorité exécutive de l'État d'où elle s'est enfuie, livrée. être renvoyé vers l'État ayant juridiction sur le crime.

3. Aucune personne tenue au service ou au travail dans un État, en vertu des lois de celui-ci, s'enfuyant dans un autre, ne pourra, en conséquence d'une loi ou d'un règlement de cet État, être libérée de ce service ou de ce travail ; mais sera livré à la demande de la partie à qui ce service ou ce travail peut être dû.

SECTION III. — 1. De nouveaux États peuvent être admis par le Congrès dans cette Union ; mais aucun nouvel État ne pourra être formé ou érigé sous la juridiction d'un autre État, ni aucun État ne sera formé par la jonction , ou parties d'États, sans le consentement des législatures des États concernés. , ainsi que du Congrès.

2. Le Congrès aura le pouvoir de disposer et d'établir toutes les règles et réglementations nécessaires concernant le territoire ou toute autre propriété appartenant aux États-Unis ; et rien dans la présente Constitution ne doit être interprété de manière à porter préjudice aux réclamations des États-Unis ou de tout État particulier.

SECTION IV. — Les États-Unis garantiront à chaque État de cette Union une forme républicaine de gouvernement et protégeront chacun d'eux contre l'invasion : et, à la demande du corps législatif ou de l'exécutif (lorsque le corps législatif ne peut être convoqué), contre les attaques intérieures. violence.

ARTICLE V.

Le Congrès, chaque fois que les deux tiers des deux chambres le jugeront nécessaire, proposera des amendements à la présente Constitution ; ou, à la demande des législatures des deux tiers des différents États, convoquera une convention pour proposer des amendements qui, dans les deux cas, seront valables, à toutes fins utiles, en tant que parties de la présente Constitution, une fois ratifiés par le les législatures des trois quarts des différents États, ou par des conventions dans les trois quarts de ceux-ci, selon que l'un ou l'autre mode de ratification peut être proposé par le Congrès ; pourvu qu'aucune modification qui pourrait être faite avant l'an mil huit cent huit n'affectera en aucune manière les première et quatrième clauses de la neuvième section ; et qu'aucun État, sans son consentement, ne sera privé de son suffrage égal au Sénat.

ARTICLE VI.

1. Toutes les dettes contractées et tous les engagements pris avant l'adoption de la présente Constitution seront aussi valables contre les États-Unis en vertu de cette Constitution qu'en vertu de la Confédération.

2. La présente Constitution et les lois des États-Unis qui seront adoptées en vertu de celle-ci, ainsi que tous les traités conclus ou qui seront conclus sous l'autorité des États-Unis, constitueront la loi suprême du pays ; et les juges de chaque État seront liés par cela, nonobstant toute disposition contraire de la constitution ou des lois de tout État.

3. Les sénateurs et les représentants mentionnés ci-dessus, ainsi que les membres des législatures de plusieurs États, ainsi que tous les officiers exécutifs et judiciaires, tant des États-Unis que de plusieurs États, seront tenus par serment ou par affirmation de soutenir la présente Constitution ; mais aucun test religieux ne sera jamais requis comme qualification à une fonction ou à une charge publique aux États-Unis.

ARTICLE VII.

La ratification des conventions de neuf États sera suffisante pour l'établissement de la présente Constitution entre les États qui la ratifieront. Fait en convention du consentement unanime des États présents, le dix-septième jour de septembre, de l'an de grâce mil sept cent quatre-vingt-sept et de l'indépendance des États-Unis d'Amérique le douzième. En foi de quoi nous avons souscrit nos noms.

GEORGE WASHINGTON,
président et député de Virginie.

AMENDEMENTS À LA CONSTITUTION DES ÉTATS-UNIS.

ARTICLE I. —Le Congrès ne fera aucune loi concernant l'établissement d'une religion ou interdisant le libre exercice de celle-ci ; ou restreindre la liberté d'expression ou de la presse ; ou le droit du peuple de se réunir pacifiquement et de demander au gouvernement une réparation de ses griefs.

ARTICLE II. — Une milice bien réglementée étant nécessaire à la sécurité d'un État libre, le droit du peuple de détenir et de porter des armes ne doit pas être violé.

ARTICLE III. — Aucun soldat ne pourra, en temps de paix, être cantonné dans une maison sans le consentement du propriétaire ; ni en temps de guerre, mais de la manière prescrite par la loi.

ARTICLE IV. — Le droit des personnes d'être en sécurité dans leur personne, leurs maisons, leurs papiers et leurs effets, contre les perquisitions et saisies abusives, ne doit pas être violé ; et aucun mandat ne sera délivré sans un motif probable, appuyé par serment ou affirmation, et décrivant particulièrement l'endroit à perquisitionner et les personnes ou choses à saisir.

ARTICLE V. — Nul ne sera tenu pour responsable d'un crime capital ou , sauf sur présentation ou acte d'accusation d'un grand jury, sauf dans les cas survenant dans les forces terrestres ou navales, ou dans la milice lorsqu'il est en service effectif en temps de guerre ou de danger public ; et nul ne peut être soumis, pour la même infraction, à deux fois une mise en danger de sa vie ou de son intégrité physique ; il ne sera pas non plus contraint, dans aucune affaire pénale, de témoigner contre lui-même ; ni être privé de la vie, de la liberté ou de la propriété, sans une procédure légale régulière ; et la propriété privée ne sera pas non plus affectée à l'usage public sans juste compensation.

ARTICLE VI. — Dans toutes les poursuites pénales, l'accusé jouira du droit à un procès rapide et public, par un jury impartial de l'État et du district où le crime aura été commis, quel district aura été préalablement déterminé par la loi ; et être informé de la nature et de la cause de l'accusation ; être confronté aux témoins à charge ; avoir une procédure obligatoire pour obtenir des témoins en sa faveur ; et de bénéficier de l'assistance d'un avocat pour sa défense.

ARTICLE VII. — Dans les procès en common law, où la valeur en litige dépassera vingt dollars, le droit d'un procès par jury sera préservé ; et aucun fait jugé par un jury ne sera réexaminé dans un tribunal des États-Unis autrement que selon les règles de la common law.

ARTICLE VIII. — Aucune caution excessive ne sera exigée, ni aucune amende excessive imposée, ni aucune peine cruelle et inhabituelle infligée.

ARTICLE IX. — L'énumération dans la Constitution de certains droits ne doit pas être interprétée comme en nier ou en dénigrer d'autres conservés par le peuple.

ARTICLE X. — Les pouvoirs qui ne sont pas délégués aux États-Unis par la Constitution, ni interdits par celle-ci aux États, sont réservés respectivement aux États ou au peuple.

ARTICLE XI. — Le pouvoir judiciaire des États-Unis ne sera pas interprété comme s'étendant à toute action en droit ou en équité, intentée ou poursuivie contre l'un des États-Unis par des citoyens d'un autre État, ou par des citoyens ou sujets de tout État étranger.

ARTICLE XII. — 1. Les électeurs se réuniront dans leurs États respectifs et voteront par scrutin pour le président et le vice-président, dont l'un au moins ne devra pas être un habitant du même État qu'eux. Ils nomment dans leurs bulletins de vote la personne élue comme Président, et dans des bulletins distincts celle élue comme Vice-Président ; et ils dresseront des listes distinctes de toutes les personnes votées comme président et de toutes les personnes votées comme vice-président, et du nombre de voix pour chacune d'elles ; quelles listes ils signeront et certifieront, et transmettront scellées au siège du gouvernement des États-Unis, adressées au président du Sénat. Le Président du Sénat ouvrira tous les certificats, en présence du Sénat et de la Chambre des Représentants, et les votes seront alors comptés. La personne ayant le plus grand nombre de voix pour le président sera le président, si ce nombre est la majorité du nombre total des électeurs nommés : et si aucune personne n'a cette majorité, alors parmi les personnes ayant le plus grand nombre, n'excédant pas trois, sur la liste des la Chambre des représentants choisit immédiatement, par scrutin, le président. Mais, pour le choix du Président, les voix seront prises par les États, la représentation de chaque État disposant d'une voix : le quorum à cet effet sera composé d' un ou de plusieurs membres provenant des deux tiers des États et d'une majorité de tous les États. sera nécessaire à un choix. Et si la Chambre des Représentants ne choisit pas de président, chaque fois que le droit de choix lui revient, avant le quatrième jour du mois de mars suivant, alors le vice-président agira en qualité de président, comme en cas de décès ou autre. Incapacité constitutionnelle du Président.

2. La personne ayant le plus grand nombre de voix en tant que vice-président sera le vice-président, si ce nombre constitue la majorité du nombre total d'électeurs nommés ; et si personne n'a la majorité, le Sénat choisira le vice-président parmi les deux numéros les plus élevés de la liste. Le quorum à cet effet sera constitué des deux tiers du nombre total des sénateurs, et une majorité de ce nombre total sera nécessaire pour un choix.

3. Mais aucune personne constitutionnellement inéligible au poste de président ne sera éligible à celui de vice-président des États-Unis.

ARTICLE XIII. — *Section* I. — Ni l'esclavage ni la servitude involontaire, sauf comme punition pour un crime dont la partie aura été dûment reconnue coupable, n'existeront aux États-Unis ou dans tout lieu soumis à leur juridiction.

Section II.—Le Congrès aura le pouvoir de faire appliquer le présent article par une législation appropriée.

ARTICLE XIV. — *Section* I. — Toutes les personnes nées ou naturalisées aux États-Unis et soumises à la juridiction de ceux-ci, sont citoyens des États-Unis et de l'État dans lequel elles résident. Aucun État ne fera ou n'appliquera aucune loi qui restreindrait les privilèges ou immunités des citoyens des États-Unis ; aucun État ne doit non plus priver une personne de la vie, de la liberté ou des biens sans une procédure légale régulière ; ni refuser à toute personne relevant de sa juridiction l'égale protection des lois.

Section II. — Les représentants seront répartis entre les différents États selon leur nombre respectif, en comptant le nombre total de personnes dans chaque État, à l'exclusion des Indiens non imposés. Mais lorsque le droit de voter à toute élection pour le choix des électeurs pour le président ou le vice-président des États-Unis, les représentants au Congrès, les fonctionnaires exécutifs et judiciaires d'un État, ou les membres de la législature de celui-ci, est refusé à quiconque des hommes habitants de cet État, âgés de vingt et un ans et citoyens des États-Unis, ou abrégés de quelque manière que ce soit, sauf pour participation à une rébellion ou à un autre crime, la base de représentation dans cet État sera réduite dans la proportion qui le nombre de ces citoyens de sexe masculin sera égal au nombre total de citoyens de sexe masculin âgés de vingt et un ans dans cet État.

Section III. — Nul ne peut être sénateur ou représentant au Congrès, ou électeur du président et du vice-président, ni occuper une fonction civile ou militaire, sous les États-Unis ou sous un État, qui, ayant ayant déjà prêté serment en tant que membre du Congrès, ou en tant qu'officier des États-Unis, ou en tant que membre d'une législature d'un État, ou en tant que fonctionnaire exécutif ou judiciaire d'un État, de soutenir la Constitution des États-Unis, aura engagé dans une insurrection ou une rébellion contre celui-ci, ou apporté aide ou réconfort à ses ennemis. Mais le Congrès peut, par un vote des deux tiers de chaque chambre, supprimer ce handicap.

Section IV. — La validité de la dette publique des États-Unis, autorisée par la loi, y compris les dettes contractées pour le paiement des pensions et des primes pour les services rendus dans la répression de l'insurrection ou de la rébellion, ne sera pas mise en doute. Mais ni les États-Unis ni aucun État n'assumeront ou ne paieront aucune dette ou obligation contractée en faveur d'une insurrection ou d'une rébellion contre les États-Unis, ni aucune réclamation pour la perte ou l'émancipation d'un esclave ; mais toutes ces dettes, obligations et réclamations seront considérées comme illégales et nulles.

Section V. — Le Congrès aura le pouvoir de faire appliquer, par une législation appropriée, les dispositions du présent article.

ARTICLE XV. — *Section* I. — Le droit de vote des citoyens des États-Unis ne sera ni refusé ni restreint par les États-Unis ou par aucun État en raison de la race, de la couleur ou de conditions antérieures de servitude.

Section II. — Le Congrès aura le pouvoir de faire appliquer le présent article par une législation appropriée.

DÉCLARATION D'INDÉPENDANCE.

LORSQUE , au cours des événements humains, il devient nécessaire pour un peuple de dissoudre les liens politiques qui l'unissaient à un autre et d'assumer, parmi les puissances de la terre, la position séparée et égale à laquelle les lois de la nature et Le Dieu de la nature le leur permet, un respect décent pour les opinions de l'humanité exige qu'ils déclarent les causes qui les poussent à la séparation.

Nous tenons ces vérités comme allant de soi; que tous les hommes sont créés égaux ; qu'ils sont dotés par leur Créateur de certains droits inaliénables ; que parmi ceux-ci se trouvent la vie, la liberté et la recherche du bonheur. Que pour garantir ces droits, des gouvernements sont institués parmi les hommes, tirant leurs justes pouvoirs du consentement des gouvernés ; que chaque fois qu'une forme de gouvernement devient destructrice de ces objectifs, le peuple a le droit de la modifier ou de l'abolir, et d'instituer un nouveau gouvernement, posant ses fondements sur de tels principes et organisant ses pouvoirs sous la forme qui leur convient. semblera le plus susceptible d'affecter leur sécurité . La prudence, en effet, dictera que les gouvernements établis de longue date ne soient pas modifiés pour des causes légères et passagères ; et en conséquence toute l'expérience a montré que les hommes sont plus disposés à souffrir, alors que les maux sont supportables, qu'à se redresser en abolissant les formes auxquelles ils sont accoutumés. Mais lorsqu'une longue suite d'abus et d'usurpations, poursuivant invariablement le même but, manifeste le dessein de les soumettre au despotisme absolu, c'est leur droit, c'est leur devoir de se débarrasser d'un tel gouvernement et de fournir de nouvelles gardes pour leur avenir. sécurité. Telle a été la patiente souffrance de ces colonies, et telle est maintenant la nécessité qui les contraint à modifier leurs anciens systèmes de gouvernement. L'histoire de l'actuel roi de Grande-Bretagne est une histoire d'injures et d'usurpations répétées, toutes ayant pour objet direct l'établissement d'une tyrannie absolue sur ces États. Pour le prouver, soumettons les faits à un monde franc :

Il a refusé son assentiment aux lois les plus saines et les plus nécessaires au bien public.

Il a interdit à ses gouverneurs de voter des lois d'importance immédiate et urgente, à moins que leur application ne soit suspendue jusqu'à ce que son assentiment soit obtenu ; et lorsqu'il est ainsi suspendu, il a complètement négligé de s'en occuper. Il a refusé de voter d'autres lois pour l'accommodement de vastes districts de population, à moins que ces gens ne renoncent au droit de représentation dans la législature, droit inestimable pour eux et redoutable pour les tyrans seulement.

Il a convoqué les corps législatifs dans des endroits inhabituels, inconfortables et éloignés du dépôt des archives publiques, dans le seul but de les fatiguer à se conformer à ses mesures.

Il a dissous à plusieurs reprises des chambres représentatives pour s'être opposé, avec une fermeté virile, à ses invasions des droits du peuple.

Il a refusé longtemps, après cette dissolution, de faire élire d'autres personnes ; par quoi les pouvoirs législatifs, incapables d'anéantissement, sont retournés au peuple pour qu'il les exerce, l'État restant, en attendant, exposé à tous les dangers d'invasion du dehors et de convulsions au dedans.

Il s'est efforcé d'empêcher la population de ces États ; à cette fin, faire obstacle aux lois de naturalisation des étrangers ; refusant d'en passer d'autres pour encourager leur migration jusqu'ici, et relevant les conditions de nouvelles appropriations de terres.

Il a entravé l'administration de la justice en refusant d'approuver les lois établissant les pouvoirs judiciaires.

Il a rendu les juges dépendants de sa seule volonté pour la durée de leurs fonctions et le montant du paiement de leurs salaires.

Il a érigé une multitude de nouvelles fonctions et envoyé ici des nuées d'officiers pour harceler notre peuple et ronger ses biens.

Il a maintenu parmi nous, en temps de paix, des armées permanentes, sans le consentement de nos législatures.

Il a affecté de rendre les militaires indépendants et supérieurs au pouvoir civil.

Il s'est associé à d'autres pour nous soumettre à une juridiction étrangère à notre Constitution et non reconnue par nos lois ; donnant son assentiment à leurs actes de prétendue législation :

Pour avoir cantonné parmi nous de grands corps de troupes armées :

Pour les avoir protégés par un simulacre de procès de la punition des meurtres qu'ils commettraient sur les habitants de ces États :

Pour avoir interrompu notre commerce avec toutes les régions du monde :

Pour nous avoir imposé des taxes sans notre consentement :

Pour nous priver, dans de nombreux cas, des avantages du procès devant jury :

Pour nous avoir transportés au-delà des mers pour être jugés pour de prétendus délits :

Pour avoir aboli le système libre des lois anglaises dans une province voisine, y ayant établi un gouvernement arbitraire et élargi ses frontières, de manière à en faire à la fois un exemple et un instrument propre à introduire la même règle absolue dans ces colonies :

Pour avoir supprimé nos chartes, aboli nos lois les plus précieuses et modifié fondamentalement les formes de notre gouvernement :

Pour avoir suspendu nos propres législatures et se déclarer investis du pouvoir de légiférer pour nous dans tous les cas quels qu'ils soient.

Il a abdiqué le gouvernement ici en nous déclarant hors de sa protection et en nous faisant la guerre.

Il a pillé nos mers, ravagé nos côtes, incendié nos villes et détruit la vie de notre peuple.

Il transporte en ce moment de grandes armées de mercenaires étrangers pour achever les œuvres de mort, de désolation et de tyrannie déjà commencées, avec des circonstances de cruauté et de perfidie à peine égalées dans les époques les plus barbares et totalement indignes du chef d'une nation civilisée.

Il a contraint nos concitoyens, faits captifs en haute mer, à prendre les armes contre leur patrie, à devenir les bourreaux de leurs amis et frères, ou à tomber eux-mêmes entre leurs mains.

Il a excité des insurrections intérieures parmi nous et s'est efforcé d'attirer contre les habitants de nos frontières les sauvages indiens impitoyables, dont la règle de guerre connue est une destruction sans distinction de tous âges, sexes et conditions.

À chaque étape de ces oppressions, nous avons demandé réparation dans les termes les plus humbles ; nos pétitions répétées n'ont reçu de réponse que par des blessures répétées. Un prince dont le caractère est ainsi marqué par tous les actes qui peuvent définir un tyran est inapte à diriger un peuple libre.

Nous n'avons pas non plus manqué d'attention envers nos frères britanniques. Nous les avons mis en garde, de temps à autre, contre les tentatives de leur législature d'étendre sur nous une juridiction injustifiée. Nous leur avons rappelé les circonstances de notre émigration et de notre installation ici. Nous avons fait appel à leur justice et à leur magnanimité natives, et nous les avons conjurés, par les liens de notre parenté commune, usurpations, qui interrompraient inévitablement nos relations et notre correspondance. Eux aussi sont restés sourds à la voix de la justice et de la consanguinité. Nous devons donc accepter la nécessité qui dénonce notre séparation et les considérer, comme nous tenons le reste de l'humanité, comme des ennemis dans la guerre et comme des amis dans la paix.

Nous donc, les représentants des États-Unis d'Amérique, réunis en Congrès général, faisant appel au juge suprême du monde pour la rectitude de nos intentions, faisons, au nom et par l'autorité du bon peuple de ces colonies, publier et déclarer solennellement que ces colonies unies sont, et devraient de droit être, des États libres et indépendants ; qu'ils sont absous de toute allégeance à la couronne britannique, et que tout lien politique entre eux et l'État de Grande-Bretagne est, et doit être, totalement dissous ; et que, en tant qu'États libres et indépendants, ils ont tout pouvoir pour déclencher la guerre, conclure la paix, contracter des alliances, établir du commerce et accomplir tous les autres actes et choses que les États indépendants peuvent en droit faire. Et pour soutenir cette déclaration, avec une ferme confiance dans la protection de la Divine Providence, nous nous engageons mutuellement nos vies, nos fortunes et notre honneur sacré.

DISCOURS D'ADIEU DE WASHINGTON.

Amis et concitoyens :

La période d'une nouvelle élection d'un citoyen pour administrer le gouvernement exécutif des États-Unis n'étant pas très éloignée, et le moment réellement arrivé où vos pensées doivent être employées à désigner la personne qui doit être revêtue de cette importante confiance, il Il me semble approprié, d'autant plus que cela peut conduire à une expression plus distincte de la voix publique, que je vous fasse maintenant part de la résolution que j'ai prise, de refuser d'être considéré parmi le nombre de ceux parmi lesquels le choix doit être fait.

Je vous prie en même temps de me rendre justice de vous assurer que cette résolution n'a pas été prise sans un strict respect de toutes les considérations relatives à la relation qui lie un citoyen fidèle à son pays ; et qu'en retirant l'offre de service, que le silence dans ma situation pourrait impliquer, je ne suis influencé par aucune diminution de zèle pour votre intérêt futur ; aucun manque de respect reconnaissant pour votre gentillesse passée ; mais je suis soutenu par la pleine conviction que cette démarche est compatible avec les deux.

L'acceptation et le maintien jusqu'ici dans la fonction à laquelle vos suffrages m'ont appelé à deux reprises ont été un sacrifice uniforme d'inclination à l'opinion du devoir et à une déférence pour ce qui semblait être votre désir. J'espérais constamment qu'il aurait été beaucoup plus tôt en mon pouvoir, conformément à des motifs que je n'étais pas libre de négliger, de retourner à cette retraite dont j'avais été tiré à contrecœur. La force de mon inclination à le faire, avant les dernières élections, m'avait même amené à préparer une adresse pour vous le déclarer ; mais une mûre réflexion sur l'état alors perplexe et critique de nos affaires avec les nations étrangères, et les avis unanimes des personnes ayant droit à ma confiance, m'ont poussé à . Je me réjouis que l'état de vos préoccupations, tant extérieures qu'intérieures, ne rende plus la poursuite de l'inclination incompatible avec le sentiment du devoir ou de la convenance ; et je suis persuadé, quelle que soit la partialité qui puisse être retenue pour mes services, que dans les circonstances actuelles de notre pays, vous ne désapprouverez pas ma détermination à prendre ma retraite.

Les impressions avec lesquelles j'ai d'abord entrepris cette pénible confiance ont été expliquées à l'occasion. Dans l'exercice de cette mission, je dirai seulement que j'ai, avec de bonnes intentions, contribué à l'organisation et à l'administration du gouvernement par les meilleurs efforts dont un jugement très faillible était capable. Non inconsciente, au départ, de l'infériorité de mes qualifications, l'expérience à mes propres yeux, peut-être plus encore aux yeux des autres, a renforcé les motifs de méfiance à mon égard ; et chaque jour le poids croissant des années m'avertit de plus en plus que l'ombre de la retraite m'est aussi nécessaire qu'elle sera la bienvenue. Satisfait que si quelques circonstances ont donné une valeur particulière à mes services, elles n'étaient que temporaires, j'ai la consolation de croire que si le choix et la prudence m'invitent à quitter la scène politique, le patriotisme ne l'interdit pas.

En attendant le moment qui doit mettre fin à la carrière de ma vie politique, mes sentiments ne me permettent pas de suspendre la profonde reconnaissance de la dette de gratitude que je dois à mon pays bien-aimé, pour les nombreux honneurs qu'il m'a conférés. ; encore plus pour la confiance inébranlable avec laquelle il m'a soutenu ; et pour les occasions qui m'ont été données de manifester mon attachement inviolable, par des services fidèles et persévérants, quoique d'une utilité inégale à mon zèle. Si des bienfaits ont résulté pour notre pays de ces services, qu'on se souvienne toujours, à votre louange, et comme exemple instructif dans nos annales, que dans des circonstances où les passions s'agitaient de tous côtés, étaient susceptibles d'induire en erreur, au milieu d'apparences parfois douteuses. — vicissitudes de la fortune souvent décourageantes — dans des situations où, assez de succès a favorisé l'esprit de critique — la constance de votre soutien était l'appui essentiel des efforts et une garantie des plans par lesquels ils s'effectuaient. . Profondément pénétré de cette idée, je l'emporterai avec moi dans ma tombe, comme une forte incitation à des désirs incessants, que le Ciel vous continue les plus beaux témoignages de sa bienfaisance, que votre union et votre affection fraternelle soient perpétuelles, que la liberté que la constitution qui est l'ouvrage de vos mains soit sacrément maintenue, que son administration dans tous les domaines soit empreinte de sagesse et de vertu, qu'enfin le bonheur des peuples de ces États, sous les auspices de la liberté, puisse être rendu complet, par une conservation si soignée et un usage si prudent de cette bénédiction, qu'ils acquerront la gloire de la recommander aux applaudissements, à l'affection et à l'adoption de toute nation qui y est encore étrangère.

Ici, peut-être devrais-je m'arrêter. Mais une sollicitude pour votre bien-être, qui ne peut finir qu'avec ma vie, et la crainte du danger naturel à cette sollicitude, me poussent, dans une occasion comme celle-ci, à offrir à votre contemplation solennelle et à recommander à vos fréquentes vues. , quelques sentiments qui sont le résultat de beaucoup de réflexion, d'observations non négligeables, et qui me paraissent essentiels à la permanence de votre félicité de peuple. Celles-ci vous seront proposées avec d'autant plus de liberté que vous ne pourrez y voir que l'avertissement désintéressé d'un ami qui se sépare, qui ne peut avoir aucun motif personnel pour influencer ses conseils. Je ne peux pas non plus oublier, comme un encouragement, votre accueil indulgent à l'égard de mes sentiments lors d'une occasion antérieure et non différente.

Comme l'amour de la liberté est tissé dans chaque ligament de votre cœur, aucune de mes recommandations n'est nécessaire pour fortifier ou confirmer l'attachement.

L'unité de gouvernement, qui constitue votre seul peuple, vous est également désormais chère. C'est à juste titre ; car c'est un pilier principal de l'édifice de votre véritable indépendance ; le soutien de votre tranquillité à la maison ; votre paix à l'étranger; de votre sécurité, de votre prospérité ; de cette liberté même que vous appréciez tant. Mais comme il est facile de prévoir que, pour différentes causes et de différents côtés, beaucoup de peine sera prise, beaucoup d'artifices seront employés pour affaiblir dans votre esprit la conviction de cette vérité ; comme c'est le point de votre forteresse politique contre lequel les batteries d'ennemis internes et externes seront le plus constamment et activement (bien que souvent secrètement et insidieusement) dirigées, il est d'une importance infinie que vous évaluiez correctement l'immense valeur de votre union nationale. , à votre bonheur collectif et individuel ; que vous y conserviez un attachement cordial, habituel et inébranlable ; accoutumez-vous à y penser et à en parler comme du palladium de votre sécurité et de votre prospérité politiques ; veillant à sa préservation avec une anxiété jalouse ; rejeter tout ce qui pourrait suggérer ne serait-ce que le soupçon qu'il puisse en tout état de cause être abandonné ; et désapprouvant avec indignation la première aube de toute tentative visant à éloigner une partie de notre pays du reste, ou à affaiblir les liens sacrés qui unissent maintenant entre les différentes parties.

Pour cela, vous disposez de toutes les incitations à la sympathie et à l'intérêt. Citoyens de naissance ou par choix d'un pays commun, ce pays a le droit de concentrer vos affections. Le nom d' AMÉRICAIN , qui vous appartient en votre qualité nationale, doit toujours exalter la juste fierté du patriotisme, plus que toute appellation dérivée des discriminations locales. Avec de légères nuances de différence, vous avez la même religion, les mêmes manières, les mêmes habitudes et les mêmes principes politiques. Vous avez combattu et triomphé ensemble pour une cause commune ; l'indépendance et la liberté que vous possédez sont l'œuvre de conseils conjoints et d'efforts conjoints — de dangers, de souffrances et de succès communs.

Mais ces considérations, si puissamment qu'elles s'adressent à votre sensibilité, sont largement contrebalancées par celles qui s'appliquent plus immédiatement à votre intérêt. Ici, chaque partie de notre pays trouve les motifs les plus impérieux pour garder et préserver soigneusement l'union du tout.

Le *Nord*, dans des relations effrénées avec le *Sud*, protégé par les lois égales d'un gouvernement commun, trouve dans les productions de ce dernier de grandes ressources supplémentaires d'entreprise maritime et commerciale, et des matériaux précieux d'industrie manufacturière. Le *sud*, dans le même échange, bénéficiant de l'action du *nord*, voit son agriculture croître et son commerce s'étendre. Transformant en partie dans ses propres canaux les marins du *Nord*, elle trouve sa navigation particulière revigorée — et tout en contribuant, de diverses manières, à nourrir et à augmenter la masse générale de la navigation nationale, elle attend avec impatience la protection d'une force maritime. , auquel lui-même est également adapté. L' *Est*, dans ses relations similaires avec l' *Ouest*, trouve déjà, et dans l'amélioration progressive des communications intérieures, par terre et par eau, trouvera de plus en plus un débouché précieux pour les marchandises qu'il apporte de l'étranger ou qu'il fabrique chez lui. L' *Occident* tire de l' *Est* les ressources nécessaires à sa croissance et à son confort — et, ce qui est peut-être une conséquence encore plus grave, il doit nécessairement la jouissance sûre des débouchés indispensables à ses propres productions, au poids, à l'influence et à l'avenir maritime. la force du côté atlantique de l'union, dirigé par une communauté d'intérêts indissoluble en tant que nation unique. Tout autre mandat par lequel l' *Occident* peut détenir cet avantage essentiel, qu'il dérive de sa propre force distincte ou d'un lien apostat et contre nature avec une puissance étrangère, doit être intrinsèquement précaire.

Tandis qu'ainsi chaque partie de notre pays éprouve un intérêt immédiat et particulier à l'union, toutes les parties réunies ne peuvent manquer de trouver dans la masse unie des moyens et des efforts, une plus grande force, de plus grandes ressources, proportionnellement plus de sécurité contre les dangers extérieurs, une moindre sécurité. interruption fréquente de leur paix par des nations étrangères; et, ce qui est d'une valeur inestimable, ils doivent tirer de l'union une exemption de ces troubles et de ces guerres entre eux, qui affligent si souvent des pays voisins non liés entre eux par le même gouvernement, et que leurs suffiraient à produire ; mais qui, face aux alliances, aux attachements et aux intrigues étrangères, stimulerait et aigrissait. C'est pourquoi ils éviteront également d'avoir recours à des établissements militaires surabondants qui, sous quelque forme de gouvernement que ce soit, sont peu propices à la liberté et qui doivent être considérés comme particulièrement hostiles à la liberté républicaine. En ce sens, c'est que votre union doit être considérée comme un soutien principal de votre liberté, et que l'amour de l'une doit vous faire aimer la conservation de l'autre.

Ces considérations parlent d'un langage persuasif à tout esprit réfléchi et vertueux, et démontrent la continuité de l'union comme objet principal du désir patriotique. Y a-t-il un doute quant à la capacité d'un gouvernement commun à embrasser un domaine aussi vaste ? Laissez l'expérience le résoudre. Dans un tel cas, écouter de simples spéculations était criminel. Nous sommes autorisés à espérer qu'une organisation convenable de l'ensemble, avec l'agent auxiliaire des gouvernements pour les subdivisions respectives, donnera à l'expérience une issue heureuse. Cela vaut bien une expérience juste et complète. Avec des motifs d'union aussi puissants et évidents affectant toutes les parties de notre pays, même si l'expérience n'aura pas démontré son impraticabilité, il y aura toujours des raisons de se méfier du patriotisme de ceux qui, de quelque côté que ce soit, peuvent tenter d'affaiblir ses bandes.

En considérant les causes qui peuvent perturber notre union, il apparaît très préoccupant qu'un motif ait été fourni pour caractériser les partis par des discriminations géographiques : *Nord* et *Sud* , *Atlantique* et *Ouest* ; c'est pourquoi les concepteurs peuvent s'efforcer de faire croire qu'il existe une réelle différence d'intérêts et de points de vue locaux. L'un des moyens utilisés par les partis pour acquérir de l'influence, dans des circonscriptions particulières, est de déformer les opinions et les objectifs des autres circonscriptions. Vous ne pouvez pas trop vous protéger contre les jalousies et les brûlures d'estomac qui naissent de ces fausses déclarations ; ils tendent à rendre étrangers les uns aux autres ceux qui devraient être fraternelle. Les habitants de notre pays occidental ont reçu dernièrement une leçon utile à ce sujet. Ils ont vu, dans la négociation par l'exécutif et dans la ratification unanime par le Sénat, du traité avec l'Espagne, et dans la satisfaction universelle de cet événement dans tous les États-Unis, une preuve décisive de l'infondé des soupçons propagés parmi eux. d'une politique du gouvernement général et des États atlantiques hostile à leurs intérêts à l'égard du Mississipi. Ils ont été témoins de la formation de deux traités, celui avec la Grande-Bretagne et celui avec l'Espagne, qui leur assurent tout ce qu'ils pouvaient désirer en matière de relations extérieures pour confirmer leur prospérité. Ne sera-t-il pas sage de compter, pour la conservation de ces avantages, sur l'union qui les a procurés ? Ne seront-ils pas désormais sourds à ces conseillers, s'il y en a, qui les sépareraient de leurs frères et les relieraient aux extraterrestres ?

Pour l'efficacité et la permanence de votre union, un gouvernement d'ensemble est indispensable. Aucune alliance, aussi stricte soit-elle, entre les parties ne peut constituer un substitut adéquat ; ils doivent inévitablement subir les infractions et les interruptions que toutes les alliances ont connues de tous les temps. Sensible de cette vérité capitale, vous avez amélioré votre premier essai, en adoptant une constitution de gouvernement mieux calculée que la précédente, pour une union intime et pour la gestion efficace de vos affaires communes. Ce gouvernement — le fruit de votre propre choix, sans influence ni crainte, adopté après une enquête approfondie et de mûres délibérations, complètement libre dans ses principes, dans la répartition de ses pouvoirs unissant la sécurité à l'énergie, et contenant en lui-même une provision pour ses propres amendements — a un juste droit à votre confiance et à votre soutien. Le respect de son autorité, l'observance de ses lois, l'acquiescement à ses mesures, sont des devoirs imposés par les maximes fondamentales de la vraie liberté. La base de nos systèmes politiques est du peuple d'élaborer et de modifier ses constitutions de gouvernement Mais la constitution qui existe à tout moment, jusqu'à ce qu'elle soit modifiée par un acte explicite et authentique du peuple tout entier, est sacrément obligatoire pour tous. L'idée même du pouvoir et du droit du peuple à établir un gouvernement présuppose le devoir de chaque individu d'obéir au gouvernement établi.

Toutes les obstructions à l'exécution des lois, toutes les combinaisons et associations, sous quelque caractère plausible que ce soit, dans le but réel de diriger, de contrôler, de contrecarrer ou d'effrayer les délibérations et les actions régulières des autorités constituées, sont destructrices de ce principe fondamental, et de tendance fatale. Ils servent à organiser la faction, à lui donner une force artificielle et extraordinaire, à mettre à la place de la volonté déléguée de la nation la volonté d'un parti, souvent une minorité petite mais astucieuse et entreprenante de la communauté ; et, selon les triomphes alternatifs des différents partis, faire de l'administration publique le miroir des projets mal concertés et incongrus des factions, plutôt que l'organe de plans cohérents et sains, digérés par des conseils communs et modifiés par des intérêts mutuels.

Quelle que soit la manière dont les combinaisons ou associations décrites ci-dessus puissent de temps en temps répondre aux objectifs populaires, elles sont susceptibles, au cours du temps et des choses, de devenir de puissants moteurs grâce auxquels des hommes rusés, ambitieux et sans principes seront en mesure de renverser le pouvoir. du peuple, et à usurper pour eux-mêmes les rênes du gouvernement, détruisant ensuite les moteurs mêmes qui les ont élevés vers une domination injuste.

Pour la préservation de votre gouvernement et la permanence de votre heureux état actuel, il est nécessaire non seulement que vous écartiez fermement les oppositions irrégulières à son autorité reconnue, mais aussi que vous résistiez avec soin à l'esprit d'innovation sur ses principes, aussi spécieux soient-ils. des prétextes. Une méthode d' peut consister à apporter des modifications à la constitution qui affaibliront l'énergie du et saperont ainsi ce qui ne peut pas être directement renversé Dans tous les changements auxquels vous pourriez être invité, rappelez-vous que le temps et l'habitude sont au moins aussi nécessaires pour fixer le véritable caractère des gouvernements que pour les autres institutions humaines ; que l'expérience est le critère le plus sûr pour tester la tendance réelle des institutions existantes. la constitution d'un pays — cette facilité à changer sur la base d'une simple hypothèse et d'une opinion, l'expose à un changement perpétuel dû à la variété infinie d'hypothèses et d'opinions ; et rappelez-vous surtout que pour la gestion efficace de vos intérêts communs, dans un pays aussi étendu que le nôtre, un gouvernement aussi vigoureux que le permet la parfaite sécurité de la liberté, est indispensable. La liberté elle-même trouvera dans un tel gouvernement, aux pouvoirs convenablement répartis et ajustés, son plus sûr gardien. Ce n'est en effet guère autre chose qu'un nom où le gouvernement est trop faible pour résister aux entreprises des factions, pour enfermer chaque membre de la société dans les limites prescrites par les lois, et pour maintenir tous dans la jouissance sûre et tranquille de la vie. les droits de la personne et de la propriété.

Je vous ai déjà signalé le danger des partis dans l'État, en faisant particulièrement référence à leur fondation sur des discriminations géographiques. Permettez-moi maintenant d'adopter une vision plus globale et de vous mettre en garde de la manière la plus solennelle contre les effets néfastes de l'esprit de parti en général.

Cet esprit, malheureusement, est inséparable de notre nature et trouve ses racines dans les passions les plus fortes de l'esprit humain. Elle existe sous des formes différentes dans tous les gouvernements, plus ou moins étouffées, contrôlées ou réprimées ; mais dans ceux de forme populaire, il apparaît dans sa plus grande gravité et est vraiment leur pire ennemi.

La domination alternative d'une faction sur une autre, aiguisée par l'esprit de vengeance, naturel aux dissensions de parti, qui à différentes époques et dans différents pays a perpétré les énormités les plus horribles, est en soi un despotisme effrayant. Mais cela conduit finalement à un despotisme plus formel et plus permanent. Les désordres et les misères qui en résultent inclinent graduellement l'esprit des hommes à rechercher la sécurité et le repos dans le pouvoir absolu d'un individu : et tôt ou tard le chef de quelque faction dominante, plus capable ou plus heureux que ses concurrents, tourne cette disposition aux fins de sa propre élévation, sur les ruines de la liberté publique.

Sans espérer une extrémité de ce genre (qui ne devrait cependant pas être entièrement hors de vue), les méfaits communs et continus de l'esprit de parti suffisent pour faire de l'intérêt et du devoir d'un peuple sage de décourager et de retenir il.

Cela sert toujours à distraire les conseils publics et à affaiblir l'administration publique. Il agite la communauté avec des jalousies mal fondées et de fausses alarmes ; attise l'animosité d'une partie contre une autre; fomente des émeutes et des insurrections occasionnelles. Cela ouvre la porte à l'influence étrangère et à la corruption, qui trouvent un accès facilité au gouvernement lui-même par le canal des passions partisanes. Ainsi, la politique et la volonté d'un pays sont soumises à la politique et à la volonté d'un autre.

Il existe une opinion selon laquelle les partis dans les pays libres constituent des freins utiles à l'administration du gouvernement et servent à maintenir vivant l'esprit de liberté. Ceci, dans certaines limites, est probablement vrai ; et dans les gouvernements de type monarchique, le patriotisme peut considérer avec indulgence, sinon avec faveur, l'esprit de parti. Mais chez ceux qui ont un caractère populaire, dans les gouvernements purement électifs, c'est un esprit à ne pas encourager. D'après leur tendance naturelle, il est certain qu'il y aura toujours suffisamment de cet esprit pour tout objectif salutaire. Et le danger d'excès étant constant, il faut s'efforcer, par la force de l'opinion publique, de l'atténuer et de l'apaiser. Feu qui ne s'éteint pas, il exige une vigilance uniforme pour éviter qu'il ne s'enflamme, de peur qu'au lieu de se réchauffer, il ne consume.

Il est important également que les habitudes de pensée d'un pays libre incitent ceux qui sont chargés de son administration à se garder de s'enfermer , en évitant, dans l'exercice des pouvoirs d'un département, d'empiéter sur sur un autre. L'esprit d'empiétement tend à consolider les pouvoirs de tous les départements en un seul, et à créer ainsi, quelle que soit la forme de gouvernement, un véritable despotisme. Une juste estimation de cet amour du pouvoir et de cette tendance à en abuser, qui prédominent dans le cœur humain, suffit pour nous convaincre de la vérité de cette position. La nécessité de contrôler réciproquement l'exercice du pouvoir politique, en le divisant et en le distribuant en différents dépositaires, et en constituant chacun le gardien du bien public contre les invasions des autres, a été démontrée par les expériences anciennes et modernes ; certains d'entre eux dans notre pays et sous nos propres yeux. Les conserver doit être aussi nécessaire que les instituer. Si, de l'avis du peuple, la répartition ou la modification des pouvoirs constitutionnels est erronée sur un point particulier, qu'elle soit corrigée par un amendement dans le sens indiqué par la constitution ; mais qu'il n'y ait aucun changement par usurpation ; car bien que cela puisse, dans un cas, être l'instrument du bien, c'est l'arme habituelle par laquelle les gouvernements libres sont détruits. Le précédent doit toujours contrebalancer grandement, en mal permanent, tout bénéfice partiel ou passager que l'usage peut à tout moment rapporter.

De toutes les dispositions et habitudes qui conduisent à la prospérité politique, la religion et la morale sont des supports indispensables. En vain réclamerait-on le tribut du patriotisme, celui qui travaillerait à renverser ces grands piliers du bonheur humain, ces appuis les plus solides des devoirs des hommes et des citoyens. Le simple homme politique, tout comme l'homme pieux, doit les respecter et les chérir. Un volume ne pourrait pas retracer tous leurs liens avec la félicité privée et publique. Qu'on se demande simplement où est la sécurité de la propriété, de la réputation, de la vie, si le sens du devoir religieux abandonne les serments qui sont les instruments d'investigation des tribunaux ? Et permettons avec prudence de supposer que la moralité peut être maintenue sans religion. Quoi qu'on raison et l'expérience nous interdisent toutes deux d'espérer que la moralité nationale puisse prévaloir à l'exclusion des principes religieux.

Il est essentiellement vrai que la vertu ou la moralité est un ressort nécessaire du gouvernement populaire. La règle s'étend en effet avec plus ou moins de force à toutes les espèces de gouvernement libre. Qui est son ami sincère et peut regarder avec indifférence les tentatives visant à ébranler les fondements du tissu ?

Promouvoir donc, comme objet de première importance, les institutions pour la diffusion générale des connaissances. Dans la mesure où la structure d'un gouvernement donne de la force à l'opinion publique, il est essentiel que celle-ci soit éclairée.

En tant que source très importante de force et de sécurité, chérissez le crédit public. Une méthode pour le préserver est de l'utiliser avec le plus de parcimonie possible, en évitant les occasions de dépenses, en cultivant la paix, mais en se rappelant aussi que des dépenses opportunes, pour se préparer aux dangers, empêchent souvent des dépenses bien plus importantes, pour le repousser ; éviter également l'accumulation de dettes, non seulement en évitant les occasions de dépenses, mais en s'efforçant vigoureusement, en temps de paix, de s'acquitter des dettes que des guerres inévitables ont pu occasionner, en ne rejetant pas sans générosité sur la postérité le fardeau que nous devrions nous-mêmes supporter. L'exécution de ces maximes appartient à vos représentants, mais il est nécessaire que l'opinion publique coopère. Pour leur faciliter l'accomplissement de leur devoir, il est essentiel que vous gardiez pratiquement à l'esprit que pour le paiement des dettes il doit y avoir des revenus ; que pour avoir des revenus, il faut des impôts ; et aucun impôt ne peut être conçu qui ne soit plus ou moins gênant et désagréable ; que l'embarras intrinsèque inséparable du choix des objets appropriés (qui est toujours un choix de difficultés) devrait être un motif décisif pour une interprétation franche de la conduite du gouvernement dans son élaboration, et pour un esprit d'acquiescement dans le mesures destinées à obtenir des revenus que les exigences publiques peuvent dicter à tout moment.

Garder la bonne foi et la justice envers toutes les nations; cultiver la paix et l'harmonie avec tous. La religion et la morale prescrivent cette conduite ; et se peut-il qu'une bonne politique ne l'impose pas également ? Il sera digne d'une nation libre, éclairée et (à une époque pas lointaine) grande de donner à l'humanité l'exemple magnanime et nouveau d'un peuple toujours guidé par une justice et une bienveillance exaltées. Qui peut douter qu'au cours du temps et des choses, les fruits d'un tel plan récompenseraient largement les avantages temporaires qui pourraient être perdus par une adhésion constante à ce plan ? Se pourrait-il que la Providence n'ait pas lié la félicité permanente d'une nation à la vertu ? L'expérience, du moins, est recommandée par tout sentiment qui ennoblit la nature humaine. Hélas! est-il rendu impossible par ses vices ?

Dans l'exécution d'un tel plan, rien n'est plus essentiel que d'exclure les antipathies permanentes et invétérées contre certaines nations, et les attachements passionnés pour les autres ; et qu'à leur place, des sentiments justes et amicaux envers tous devraient être cultivés. La nation qui se livre à une haine habituelle ou à une affection habituelle envers une autre est en quelque sorte une esclave. Il est esclave de son animosité ou de son affection, l'une ou l'autre étant suffisante pour l'égarer de son devoir et de son intérêt. L'antipathie d'une nation contre une autre dispose chacun plus facilement à proférer des insultes et des injures, à s'emparer de légères causes d'ombrage, et à être hautain et intraitable lorsque surviennent des occasions accidentelles ou insignifiantes de dispute. De là des collisions fréquentes, des luttes obstinées, envenimées et sanglantes. La nation, poussée par la mauvaise volonté et le ressentiment, pousse parfois le gouvernement à la guerre, contrairement aux meilleurs calculs politiques. Le gouvernement participe quelquefois à la propension nationale, et adopte, par passion, ce que la raison rejetterait ; à d'autres moments, elle soumet l'animosité de la nation à des projets d'hostilité, suscités par l'orgueil, l'ambition et d'autres . La paix, parfois peut-être la liberté des nations, en a souvent été la victime.

De même, l'attachement passionné d'une nation à une autre produit toute une série de maux. La sympathie pour la nation favorite, facilitant l'illusion d'un intérêt commun imaginaire, dans les cas où aucun intérêt commun réel n'existe, et insufflant à l'une les inimitiés de l'autre, entraîne la première à participer aux querelles et aux guerres de la seconde sans incitation ou justification. Cela conduit également à des concessions à la nation préférée de privilèges refusés à d'autres, ce qui est susceptible de doublement nuire à la nation qui fait les concessions en se séparant inutilement de ce qui aurait dû être conservé et en suscitant la jalousie, la mauvaise volonté et une disposition à exercer des représailles contre les partis à qui des privilèges égaux sont refusés ; et il donne aux citoyens ambitieux, corrompus ou trompés (qui se consacrent à la nation préférée) la facilité de trahir ou de sacrifier les intérêts de leur propre pays, sans odieux, parfois même avec popularité, dorant des apparences d'un sens vertueux du devoir. une déférence louable pour l'opinion publique, ou un zèle louable pour le bien public, les complaisances basses ou insensées de l'ambition, de la corruption ou de l'engouement.

En tant que voies d'accès à l'influence étrangère de multiples façons, de tels attachements sont particulièrement alarmants pour le patriote véritablement éclairé et indépendant. Combien d'occasions leur offrent-ils de jouer avec les factions intérieures, de pratiquer l'art de la séduction, de tromper l'opinion publique, d'influencer ou d'effrayer les conseils publics ; un tel attachement d'une nation petite ou faible envers une nation grande et puissante condamne la première à être le satellite de la seconde.

Contre les ruses insidieuses de l'influence étrangère (je vous en conjure, croyez-moi, concitoyens), la jalousie d'un peuple libre doit être *constamment* en éveil ; puisque l'histoire et l'expérience prouvent que l'influence étrangère est l'un des ennemis les plus néfastes du gouvernement républicain. Mais cette jalousie, pour être utile, doit être impartiale, sinon elle devient l'instrument de l'influence même à éviter, au lieu d' contre elle Une partialité excessive pour une nation étrangère et une aversion excessive pour une autre font que ceux qu'elles activent ne voient le danger que d'un côté, et servent à voiler et même à seconder les arts d'influence de l'autre. Les vrais patriotes, qui peuvent résister aux intrigues du favori, risquent de devenir suspects et odieux, tandis que ses instruments et ses dupes usurpent les applaudissements et la confiance du peuple pour abandonner ses intérêts. Notre grande règle de conduite à l'égard des nations étrangères est, en étendant nos relations commerciales, d'avoir avec elles le moins de liens *politiques* possible. Dans la mesure où nous avons déjà pris des engagements, qu'ils soient remplis avec une parfaite bonne foi. Ici, arrêtons-nous.

L'Europe a un ensemble d'intérêts primaires qui, pour nous, n'en ont pas, ou sont très éloignés. Elle doit donc être engagée dans de fréquentes controverses dont les causes sont essentiellement étrangères à nos préoccupations. Par conséquent, il ne doit pas être sage de notre part de nous impliquer, par des liens artificiels, dans les vicissitudes ordinaires de sa politique, ou dans les combinaisons et collisions ordinaires de ses amitiés ou de ses inimitiés.

Notre situation détachée et distante nous invite et nous permet de suivre une voie différente. Si nous restons un seul peuple, sous un gouvernement efficace, le moment n'est pas loin où nous pourrons braver les dommages matériels causés par des ennuis extérieurs ; lorsque nous pouvons adopter une attitude qui entraîne la neutralité, nous pouvons à tout moment décider d'être scrupuleusement respectée ; quand les nations belligérantes, dans l'impossibilité de faire des acquisitions sur nous, ne risqueront pas à la légère la provocation ; quand nous pouvons choisir la paix ou la guerre, selon notre intérêt, guidé par la justice, nous le conseille.

Pourquoi renoncer aux avantages d'une situation si particulière ? Pourquoi abandonner le nôtre pour s'établir sur un terrain étranger ? Pourquoi, en mêlant notre destin à celui de n'importe quelle partie de l'Europe, embrouiller notre paix et notre prospérité dans les embûches de l'ambition, de la rivalité, de l'intérêt, de l'humour ou du caprice européens ?

C'est notre véritable politique d'éviter les alliances permanentes avec une quelconque partie du monde étranger, dans la mesure où, je veux dire, nous sommes maintenant libres de le faire ; car ne me laisse pas comprendre comme capable de paterniser l'infidélité aux engagements existants. Je considère la maxime non moins applicable aux affaires publiques qu'aux affaires privées, que l'honnêteté est toujours la meilleure politique. Je le répète donc, que ces engagements soient observés dans leur sens véritable : mais, à mon avis, il est inutile et serait imprudent de les prolonger.

En prenant toujours soin de nous maintenir, par des établissements appropriés, dans une posture défensive respectable, nous pouvons en toute sécurité nous fier à des alliances temporaires pour des urgences extraordinaires.

L'harmonie et les relations libérales avec toutes les nations sont recommandées par la politique, l'humanité et l'intérêt. Mais même notre politique commerciale doit avoir une main égale et impartiale, sans rechercher ni accorder des faveurs ou des préférences exclusives, en consultant le cours naturel des choses, en diffusant et en diversifiant, par des moyens doux, les courants du commerce, mais sans rien forcer ; établir, avec les pouvoirs ainsi disposés, afin de donner au commerce un cours de base, de définir les droits de nos commerçants et de permettre au gouvernement de les soutenir, des règles conventionnelles de relations commerciales, les meilleures que les circonstances actuelles et l'opinion mutuelle permettent, mais temporaire et susceptible d'être, de temps à autre, abandonné ou modifié, selon l'expérience et les circonstances ; gardant constamment à l'esprit que c'est une folie chez une nation de rechercher des faveurs désintéressées chez une autre ; qu'il doit payer, avec une partie de son indépendance, tout ce qu'il peut accepter sous ce titre ; que par une telle acceptation, il peut se placer dans la condition d'avoir donné des équivalents pour des faveurs nominales, et pourtant de se voir reprocher d'ingratitude de ne pas donner davantage. Il ne peut y avoir de plus grande erreur que d'attendre ou de compter sur de réelles faveurs d'une nation à l'autre. C'est une illusion que l'expérience doit guérir, dont un juste orgueil doit se débarrasser.

En vous offrant, mes compatriotes, ces conseils d'un vieil et affectueux ami, je n'ose espérer qu'ils feront l'impression forte et durable que je qu'ils maîtriseront le courant habituel des passions, ou empêcheront notre nation de suivre le cours qui a jusqu'ici marqué la destinée des nations ; mais, si je peux même me flatter qu'ils puissent produire quelque bénéfice partiel, quelque bien occasionnel ; qu'ils puissent revenir de temps en temps pour modérer la fureur de l'esprit de parti ; mettre en garde contre les méfaits des intrigues étrangères ; se prémunir contre les impostures du prétendu patriotisme ; cette espérance sera une pleine récompense de la sollicitude pour votre bien-être qui les a dictées.

Dans la mesure où, dans l'exercice de mes fonctions officielles, j'ai été guidé par les principes qui ont été énoncés, les archives publiques et autres preuves de ma conduite doivent en témoigner pour vous et pour le monde. Pour moi, l'assurance de ma propre conscience est que je me suis cru au moins guidé par eux.

En ce qui concerne la guerre qui dure encore en Europe, ma proclamation du 22 avril 1793 est l'indice de mon plan. Sanctionné par votre voix approbatrice et par celle de vos représentants dans les deux chambres du Congrès, l'esprit de cette mesure m'a continuellement gouverné, sans être influencé par aucune tentative visant à m'en dissuader ou à m'en détourner.

Après un examen délibéré, à l'aide des meilleures lumières que j'ai pu obtenir, j'étais pleinement convaincu que notre pays, dans toutes les circonstances de l'affaire, avait le droit de prendre - et était tenu par le devoir et l'intérêt de prendre - une position neutre. . L'ayant pris, je résolus, autant que cela dépendait de moi, de le maintenir avec modération, persévérance et fermeté.

Les considérations qui respectent le droit de tenir cette conduite, il n'est pas nécessaire à cette occasion de les détailler. Je dirai seulement que, selon ma compréhension de la question, ce droit, loin d'être nié par aucune des puissances belligérantes, a été pratiquement admis par tous.

Le devoir de neutralité peut être déduit, sans plus, de l'obligation justice et l'humanité imposent à chaque , dans les cas où elle est libre d'agir, de maintenir inviolées les relations de paix et d'amitié. envers les autres nations.

L'incitation à l'intérêt pour l'observation de cette conduite sera mieux référée à vos propres réflexions et expériences. Pour moi, l'un des motifs prédominants a été de s'efforcer de donner à notre pays le temps de consolider et de mûrir ses institutions encore récentes, et de progresser, sans interruption, jusqu'au degré de force et de cohérence qui est nécessaire pour lui donner, humainement parlant, la maîtrise de sa propre fortune.

Quoique, en passant en revue les incidents de mon administration, je n'aie pas conscience d'une erreur intentionnelle, je suis néanmoins trop sensible à mes défauts pour ne pas croire probable que j'ai pu commettre beaucoup d'erreurs. Quels qu'ils soient, je supplie ardemment le Tout-Puissant d'éviter ou d'atténuer les maux auxquels ils pourraient tendre. J'emporterai également avec moi l'espoir que mon pays ne cessera jamais de les considérer avec indulgence ; et qu'après quarante-cinq années de ma vie consacrées à son service avec un zèle honnête, les défauts des capacités incompétentes seront voués à l'oubli, comme moi-même devra bientôt l'être aux demeures du repos.

M'appuyant sur sa bonté en ceci comme dans d'autres choses, et animé par cet amour fervent à son égard, si naturel à un homme qui y voit le sol natal de lui-même et de ses ancêtres depuis plusieurs générations, j'anticipe avec une attente progressive cette retraite. dans lequel je me promets de réaliser, sans mélange, la douce jouissance de participer au milieu de mes concitoyens, la bienveillante influence des bonnes lois sous un gouvernement libre, l'objet toujours préféré de mon cœur et l'heureuse récompense, comme J'ai confiance en nos soins, nos travaux et nos dangers mutuels.

GEORGE WASHINGTON.

États-Unis , 17 *septembre* 1796.

www.ingramcontent.com/pod-product-compliance
Lightning Source LLC
LaVergne TN
LVHW091544170726
843492LV00007B/2092